Städeli, Venutti, Rossetti, Caduff
Didaktik für den Unterrichtsalltag

D1720170

Christoph Städeli,
Dario Venutti,
Daniela Rossetti,
Claudio Caduff

DIDAKTIK FÜR DEN UNTERRICHTSALLTAG

EIN PRAXISBUCH FÜR DEN BERUFSEINSTIEG

 hep

Christoph Städeli, Dario Venutti, Daniela Rossetti, Claudio Caduff
Didaktik für den Unterrichtsalltag
Ein Praxisbuch für den Berufseinstieg
ISBN Print: 978-3-0355-1504-6
ISBN E-Book: 978-3-0355-1505-3

Bibliografische Information der Deutschen Nationalbibliothek:
Die Deutsche Nationalbibliothek verzeichnet diese Publikation
in der Deutschen Nationalbibliografie; detaillierte bibliografische
Daten sind im Internet über http://dnb.dnb.de abrufbar.

hep-verlag.ch

INHALTSVERZEICHNIS

Vorwort   6

1. Einleitung   8

2. Vor dem Unterrichten   13

3. Der Start   25

4. Regeln und Rituale   45

5. Prüfungen   61

6. Schlusswort   78

Literatur   80

Autorin und Autoren   82

VORWORT

Viele Lehrerinnen und Lehrer werden beim Berufseinstieg ins kalte Wasser geworfen: Sie beginnen mit dem Unterrichten, bevor sie eine entsprechende Ausbildung absolviert haben. Sie wissen, zur Stunde X stehen sie das erste Mal vor einer Klasse – und dann hängt es stark von ihnen ab, wie der Unterricht verläuft, ob und wie viel die Schülerinnen und Schüler lernen werden.

Beim Start ins Unterrichten erfahren neue Lehrpersonen in der Regel schon vor dem ersten Unterrichtstag hilfreiche, breite Unterstützung: Sie erhalten Lehrpläne und Unterrichtsmaterialien, Mentoren, Praxisberaterinnen und Fachvorstände geben ihnen wertvolle Hinweise. Dennoch – schon bald stehen die neuen Lehrerinnen und Lehrer zum ersten Mal allein vor einer Klasse.

An solche Lehrpersonen wendet sich dieses Werk. In den vier Schwerpunkten *Vor dem Unterrichten, Der Start, Regeln und Rituale* und *Prüfungen* wird aufgezeigt, wie neue Lehrerinnen und Lehrer den Unterricht vorbereiten und gestalten können, wie sie lernen, Klassen zu leiten und gute Leistungstests durchzuführen. Das Büchlein ermöglicht somit einen guten Einstieg ins Unterrichten.

Zürich, im Juni 2022
Christoph Städeli, Dario Venutti, Daniela Rossetti, Claudio Caduff

1

1. EINLEITUNG

Laura Weber, Anfang 30, ist eine geschätzte Mitarbeiterin in ihrem Betrieb: fachlich eine der Besten und dank ihrer humorvollen Art beliebt bei den Kolleginnen und Kollegen. Nach der Lehre hatte sie sich fortlaufend weitergebildet. Im Anschluss an die Höhere Fachschule erlangte sie den eidgenössischen Fachausweis und wurde danach zur Teamleiterin ernannt. Doch Laura Weber verspürte bald einmal den Wunsch, ihr Wissen an jüngere Menschen weiterzugeben. Darin sah sie mehr Sinn als im Optimieren von Arbeitsabläufen und Bearbeiten von Excel-Tabellen.

Lehrerin in der beruflichen Bildung! Davon schwärmte ihre Freundin Ida, die an einer Berufsfachschule in Zürich arbeitet, seit Langem: Fachkräfte mitausbilden, Jugendliche und junge Erwachsene auf ihrem Weg begleiten, mit der nächsten Generation in Kontakt bleiben – eine erfüllende Tätigkeit, wie Ida immer wieder betonte. Darum bewarb sich Laura auf eine 50-Prozent-Stelle als Berufskundelehrerin, die sie auf der Webseite ihres Berufsverbandes entdeckt hatte.

Nach dem Vorstellungsgespräch musste sie eine Lektion halten. Die Schulleiterin wollte sehen, ob Laura das Talent hat, Jugendliche zu unterrichten. Hinterher beschlich sie ein mulmiges Gefühl, weil die Lernenden vor allem gegen Ende der Lektion unruhig geworden waren. Doch die Schulleiterin war zufrieden: «Ich sehe Sie als Berufsschullehrerin», sagte sie und gab ihr den Zuschlag – mit der Auflage, eine didaktisch-pädagogische Ausbildung zu machen. Mit einem Diplom in der Hand würde sie auch mehr verdienen. Daraufhin reduzierte Laura ihr Pensum im Betrieb und freut sich jetzt auf das neue Schuljahr und den Ausbildungsbeginn an der Pädagogischen Hochschule nach den Sommerferien.

Laura Weber ist niemand, und doch könnte sie jede Person sein, die neu in den Lehrberuf einsteigt. Sie könnte eine angehende Berufskundelehrerin für Fachangestellte Gesundheit sein, für Coiffeurinnen, Köche, Informatikerinnen oder Elektroinstallateure. Sie könnte in Zürich, Bern, St. Gallen oder Luzern unterrichten. Laura Weber ist eine fiktive Lehrerin, die die Leserin und den Leser durch dieses Buch begleiten wird: durch typische Stationen der ersten Wochen und Monate des Berufseinstiegs.

Im Kapitel *Vor dem Unterrichten* begleiten wir Laura bei der Vorbereitung vor dem Schuljahresbeginn. Weit vor der ersten Unterrichtslektion beschäftigt sie sich mit dem Schullehrplan, dem Lehrmittel und der Klassenliste. Sie erstellt eine Checkliste für die ersten Unterrichtswochen und lernt ihren Mentor, eine erfahrene Lehrperson, kennen. Mit ihm wird sie sich in den ersten Monaten immer wieder treffen – um Tipps und Ratschläge einzuholen und schwierige, mitunter belastende Situationen zu besprechen. Der Mentor wird viel zu einem gelingenden Berufseinstieg beitragen.

Im Kapitel *Der Start* erlebt Laura, was Unterrichten konkret bedeutet: Sie sucht nach einem Weg, um mit der grossen Stoffmenge unter Zeitdruck umzugehen, Unterrichtslektionen zu planen und zu strukturieren und auf die Verschiedenartigkeit der einzelnen Lernenden einzugehen. Laura sieht, welche Folgen undurchdachte Aufträge und unpassende Methoden haben und reflektiert ihre Planung und ihre Unterrichtsmaterialien permanent – mit dem Effekt, dass sie zunehmend besser unterrichtet und so an Sicherheit gewinnt.

Das Kapitel *Regeln und Rituale* ist dem Classroom-Management und der Beziehungsgestaltung gewidmet. Laura ist es wichtig, dass sie ein gutes Verhältnis zur Klasse aufbauen kann und dass die Lernenden untereinander einen respektvollen Umgang pflegen. Doch beides stellt sich nicht von selbst ein. Und wie die meisten Lehrpersonen ist auch Laura bald einmal mit Unterrichtsstörungen aller Art konfrontiert. Sie wird einige Zeit brauchen, bis es ihr gelingt, die Klasse mit Struktur und Klarheit, aber auch mit Gelassenheit zu führen.

Im Kapitel *Prüfungen* schliesslich schreibt Laura die erste Prüfung für ihre Lernenden. Dabei macht sie die Erfahrung, dass Prüfungen eine komplexe Angelegenheit sind. Von der Durchführung über das Korrigieren und die Rückgabe bis hin zur Auswertung stellen sich ihr Herausforderungen, die sie jedoch mithilfe des Mentors bewältigen wird.

2

2. VOR DEM UNTERRICHTEN

Wie merke ich mir die vielen Namen?
Der erste Schultag ist in zwei Monaten. Laura Weber freut sich auf die Sommerferien, in denen sie während drei Wochen mit dem Wohnmobil von der Ost- an die Westküste der USA fahren will. Doch deswegen ist sie nicht aufgeregt: Nächste Woche trifft sie die Schulleiterin zu einer Sitzung, an der sie auch ihren zukünftigen Mentor kennenlernen wird. Er wird sie im ersten Jahr begleiten und beraten. Nach der Sitzung wird die Schulleiterin sie durchs Schulgebäude führen und ihr das Klassenzimmer zeigen. Den Schullehrplan hat sie bereits erhalten, ebenso die Klassenliste. 25 Namen stehen darauf. Laura hat sich vorgenommen, nach den ersten beiden Schulwochen alle Namen den Gesichtern zuordnen zu können.

In diesem Kapitel wird Laura
→ Das Klassenzimmer erkunden
→ Den Schullehrplan und die Lehrmittel analysieren
→ Die Klassenliste studieren
→ Die Kolleginnen und Kollegen kennenlernen
→ Mit dem Mentor über den Unterricht sprechen
→ Eine Checkliste für die ersten Unterrichtswochen entwickeln

Das Klassenzimmer erkunden

Laura hat von der Schulleiterin erfahren, in welchem Raum sie unterrichten wird. In der letzten Ferienwoche vor Schulbeginn will sie den Raum und die Einrichtung erkunden, damit sie die Unterrichtsvorbereitung auf die Gegebenheiten abstimmen kann. Sie klärt ab, welche Medien, Bücher, Arbeitsmittel und Nachschlagewerke ihr zur Verfügung stehen und welche digitalen Tools an der Schule eingesetzt werden.

An der Einrichtung und Gestaltung eines Klassenzimmers lässt sich gut erkennen, welche Unterrichtsformen angewandt werden. Besteht der Unterricht hauptsächlich aus einer Kombination von Frontalunterricht und Einzelarbeit, so werden die Tische und Stühle in Richtung Lehrerpult ausgerichtet sein. Wird häufig in Partnerarbeit oder in Kleingruppen gearbeitet, so können die Tische zu Gruppenarbeitsplätzen zusammengeschoben werden.

Laura überlegt sich bereits jetzt, wie es ihr gelingen wird, am ersten Schultag eine angenehme Lernumgebung zu gestalten. Dazu zählt zum Beispiel, dass sie darauf achtet, vor Unterrichtsbeginn die Fenster zu öffnen, die Pulte nochmals auf Sauberkeit und Funktionalität zu prüfen und sich Gedanken darüber zu machen, wie sie die Schüler und Schülerinnen vor Unterrichtsbeginn ansprechen und begrüssen möchte. Wie überall ist auch hier der erste Eindruck wichtig. Sie überlegt sich, dass sie in der ersten Stunde eine Faltkarte austeilen könnte, auf die die Lernenden ihren Vornamen und Namen schreiben. Die Lernenden stellen diese Karten während der ersten Tage oder Wochen vor sich aufs Pult. Das hilft ihr, sich die Namen einzuprägen.

Den Schullehrplan und die Lehrmittel analysieren

Die Schulleiterin hat Laura erklärt, wo die schulhausinternen Unterlagen für den Unterricht zu finden sind. Besonders stolz ist sie auf den Schullehrplan, der in der Fachgruppe im letzten Semester überarbeitet worden ist. Der Schullehrplan ist handlungskompetenzorientiert abgefasst; er beschreibt ein Endverhalten der Lernenden, also das, was sie nach der Ausbildung können müssen. Der Schullehrplan gibt wichtige Anhaltspunkte zu folgenden Fragen:
- Welches sind die relevanten Unterrichtsthemen?
- Wann sind welche Inhalte zu unterrichten und zu prüfen?
- Wie viel Zeit steht zum Vermitteln der Inhalte zur Verfügung?

Für die Umsetzung der Inhalte stehen Laura verschiedene Lehrmittel in gedruckter oder digitaler Form zur Verfügung. Für die Auswahl des Lehrmittels muss sie folgende Punkte beachten:
- Jedes Lehrmittel wendet sich an eine bestimmte Zielgruppe.
- Sowohl im Detaillierungsgrad der Inhalte als auch hinsichtlich der sprachlichen Anforderungen muss das Lehrmittel stufengerecht

sein. Das heisst, die Lernvoraussetzungen der Lernenden und das Anspruchsniveau des Lehrmittels müssen möglichst exakt passen.
- Neben den Inhalten, dem sprachlichen Anspruchsniveau und der Kontextgebundenheit spielt die grafische Gestaltung eine wichtige Rolle, damit die Lernenden ein Lehrmittel optimal nutzen können.
- Je besser das Lehrmittel auf die Lernenden abgestimmt ist, desto weniger wird es nötig sein, für den Unterricht ein eigenes Skript zu erstellen.

Die Klassenliste studieren

Vom Schulsekretariat erhält Laura eine Klassenliste. Ihr entnimmt sie, wie viele Lernende die Klasse zählt, wie sie sich auf die Geschlechter verteilen, wo sie wohnen und arbeiten. Ein richtiges Bild der Klasse und der einzelnen Schülerinnen und Schüler kann sie jedoch erst durch die Beobachtung der Lernenden bei der Arbeit und durch gezielte Arbeitsaufträge erhalten. Arbeitsaufträge, die das Kennenlernen fördern, können folgendermassen aussehen:
- Die Lernenden stellen sich mit einem Gegenstand vor, der ihnen etwas bedeutet.
- Die Lernenden liefern eine mündliche oder schriftliche Spracharbeit zu aktuellen Themen.
- Die Lernenden erstellen eine Foto- oder Videoreportage zu Themen wie «Meine Freizeit» oder «Besonderheiten meines Betriebes».

Solche Aufträge geben den Lernenden die Gelegenheit, sich vor der Klasse zu präsentieren. Wie sie die Situationen gestalten, welchen Einblick sie in ihre Lebenswelt geben – all dies ist meist aussagekräftiger als das Verfassen von Steckbriefen.

Nach solchen Präsentationen ergeben sich diverse Anknüpfungspunkte, um mit den Lernenden ins Gespräch zu kommen. Empfehlenswert ist, sich während der Präsentationen Notizen zu machen. Absprachen mit den Kolleginnen und Kollegen, wer welche Aufträge geben wird und welche Themen wo bearbeitet werden, sind hier besonders wichtig.

Vielleicht wurden bei der Einschreibung Tests durchgeführt und weitere Daten wie Vorbildung und Abschlussnoten erfasst, die nun zur Verfügung stehen. Bei der Interpretation solcher Daten ist allerdings Vorsicht geboten, damit nicht bereits vor Unterrichtsbeginn Vorurteile und ablehnende Haltungen gegenüber einzelnen Lernenden entstehen. Durch eine neutrale Erwartungshaltung wird den Lernenden ein guter Start ermöglicht. Dies wirkt sich positiv auf deren Motivation aus.

Laura will sich nicht schon vor Beginn des Unterrichts von Zwischenberichten und ungenügenden Vornoten beeinflussen lassen. Erwartungen beeinflussen unser Verhalten unbewusst, sodass am Ende eintrifft, was wir erwartet haben. Laura möchte sich also nicht an vergangenen Leistungen orientieren, sondern daran, wie sich die Lernenden in den ersten Wochen bei ihr im Unterricht zeigen.

Die Kolleginnen und Kollegen kennenlernen

Von der Schulleiterin hat Laura erfahren, mit welchen anderen Lehrpersonen sie die einzelnen Klassen unterrichtet. Es ist empfehlenswert, sich mit den Kollegen und Kolleginnen vor Beginn des Quartals zu einer Besprechung zu treffen und Absprachen zu treffen. Für Laura stehen bei diesem ersten Treffen folgende Fragen im Vordergrund:
– Was ist meiner Kollegin, meinem Kollegen im Unterricht wichtig?
– Können und wollen wir den Unterrichtseinstieg – die ersten Lektionen oder den ersten Schultag – gemeinsam gestalten?
– Wollen wir den Lernenden gegenüber als Team auftreten oder zeigen wir ihnen, dass wir eher eigene Wege gehen?
– Wollen oder müssen wir in absehbarer Zeit zusammen einen gemeinsamen Anlass organisieren, zum Beispiel einen Eltern- und Berufsbildungsabend?

Eine gute Zusammenarbeit mit den Kolleginnen und Kollegen im Schulhaus ist sehr wichtig: Erfahrungen können ausgetauscht, neue Unterrichtsformen und -materialien zur Diskussion gestellt werden. Die Lernenden profitieren davon, wenn die Lehrpersonen gut zusammenarbeiten und sich gegenseitig als Fachleute respektieren.

Die Zusammenarbeit mit Kolleginnen und Kollegen beginnt schon vor dem ersten Schultag. In der Vorbereitungsphase können für das Quartal oder Semester Themen erarbeitet, neue Unterrichtsideen ausprobiert und Exkursionen geplant werden. Eine gute Zusammenarbeit erleichtert die Vorbereitungsarbeit und kann viel zur Berufszufriedenheit beitragen. Neben gemeinsamen Aktivitäten in der Vorbereitung sind auch Gespräche über den Unterricht selbst wichtig. Fragen für solche Gespräche unter Kolleginnen und Kollegen sind etwa:

- Was hast du im Unterricht bei der Klasse XY erlebt?
- Was ist dir wichtig im Unterricht?
- Was kann ich zum Lernfortschritt der Lernenden beitragen?
- Wie funktioniert unsere Zusammenarbeit im Team?
- Wo und wie ergänzen wir uns gut?

Für die Zufriedenheit im Lehrberuf ist das Erleben sozialer Unterstützung wichtig. Gespräche über schwierige Situationen entlasten und helfen, Lösungen zu finden. Doch nicht nur der Austausch über negative Erfahrungen tut gut. Auch über Erfolgserlebnisse zu sprechen und sich gemeinsam zu freuen, wenn die Lernenden im Unterricht produktiv mitarbeiten, ist wichtig.

Mit dem Mentor über den Unterricht sprechen

Die Schulleiterin hat Laura erklärt, welche Aufgaben dem Mentor zukommen. Einerseits unterstützt er neu eintretende Lehrpersonen bei administrativen und organisatorischen Angelegenheiten. Andererseits begleitet und berät er sie bei pädagogischen, methodischen und fachlichen Fragen rund um das Lehren und Lernen. Vor allem bei Letzterem braucht Laura Unterstützung. Für die erste Sitzung möchte sie von ihrem Mentor wissen, worauf es ankommt, damit die Schülerinnen und Schüler im Unterricht zum Lernen kommen und motiviert bei der Arbeit bleiben. Auf diese Frage kann der Mentor aufgrund seiner Erfahrung fünf Bereiche nennen.

Dem Lernen einen Sinn geben – die Lernenden sollen von Beginn an erkennen können, was sie weshalb tun. Sie benötigen dazu nachvollziehbare Ziele, die sie gut verstehen und mit ihrer eigenen Lebens- und

Berufssituation in Verbindung bringen können. Der Mentor erzählt von seinen Erfahrungen, beispielsweise wie er früher zu Beginn der Stunde einfach die Ziele aufgeschrieben und vorgelesen hat – und dann ohne Rückfragen zum nächsten Schritt gegangen ist. Heute nimmt er sich für diesen Teil des Unterrichts Zeit und bringt viele praktische Beispiele ein, damit die Lernenden bereits zu Beginn des Unterrichts eine Vorstellung davon entwickeln können, was im Unterricht vorkommen wird.

Gute Leistungen erbringen können – Erst wenn die Lernenden selbst erleben, dass sie etwas Neues verstehen und gut anwenden können, stellt sich Erfolg und Zufriedenheit ein. Durch dieses gute Gefühl, etwas selbstständig gemeistert zu haben, entsteht ein Vertrauen in die eigene Kompetenz. Der Mentor erzählt, dass er den Schülerinnen und Schülern Aufgaben erteilt, bei denen sie nicht einfach rasch die Lösungen im Lehrmittel nachschlagen können. In seinem Unterricht müssen sie Aufgaben bearbeiten, die anspruchsvoll sind. Die Aufgaben sind so aufgebaut, dass die Lernenden auf dem bestehenden Wissen aufbauen können und bei Unklarheiten entweder selbst Hilfsmittel hinzuziehen können oder von der Lehrperson individuell unterstützt werden.

Positive Beziehungen – Eine gute Beziehung zwischen der Lehrperson und den Lernenden, aber auch zwischen den Lernenden, ist eine wichtige Grundlage für erfolgreiches Lernen. Der Mentor erklärt, wie es ihm immer wieder gelingt, die Lernenden durch einen Vertrauensvorschuss dazu zu bringen, sich ruhig und mit viel Konzentration an die Aufgaben zu setzen. Gerade bei der letzten Abschlussklasse habe er erlebt, wie die Lernenden beim Arbeiten die Zeit vergessen hätten und auch nach dem Unterricht noch angeregte Gespräche stattgefunden hätten. Für eine positive Beziehung und ein gutes Unterrichtsklima ist in erster Linie die Lehrperson zuständig, indem sie die Regeln für das gemeinsame Arbeiten einführt und darauf achtet, dass das Lernen möglichst störungsfrei sein kann.

Positive Gefühle zulassen – Die Lehrperson sollte, führt der Mentor weiter aus, während des Unterrichts eine positive Haltung gegenüber den Lernenden, dem zu vermittelnden Inhalt und gegenüber dem System Schule signalisieren. Er habe mit den Jahren erfahren, wie wichtig es ist, die Freude am Erlebten auch zeigen zu können und das eigene Interesse an den zahlreichen beruflichen, gesellschaftlichen und persönlichen Dingen des Lebens offenzulegen. Positive Gefühle können die Leistung und die Kreativität fördern. Sollte etwas im Unterricht nicht so ablaufen, wie es geplant wurde, so kann mit Gelassenheit und Humor der nächste Schritt in Angriff genommen werden. Negative Grundhaltungen wie Schuld, Angst oder Wut sind für das Lernen nicht förderlich.

Die Ziele regelmässig überprüfen – Das Wohlbefinden der Schülerinnen und Schüler hängt stark mit Erfolg und Zufriedenheit zusammen. Erfolg setzt dann ein, wenn ein (anspruchsvolles) Ziel erreicht werden konnte. Hier schlägt der Mentor den Bogen zurück zum ersten der fünf Bereiche – dem Lernen einen Sinn geben. Durch mündliche und schriftliche Rückmeldungen – oder durch eine Prüfung am Ende einer Unterrichtseinheit – erfahren die Lernenden, wie gut sie gearbeitet und die Ziele erreicht haben. Solche Rückmeldungen zum Lernfortschritt sind wichtig, damit der Lernzuwachs sichtbar gemacht werden kann. Früher, so berichtet der Mentor, habe er zu wenig Zeit für diese Erfolgskontrollen eingeplant und sei ständig unter Zeitdruck gestanden. Heute wisse er, wie wichtig es ist, die einzelnen Schritte im Unterricht gut aufeinander zu beziehen und immer wieder die Leistungen der Schülerinnen und Schüler zu würdigen; oder sich dafür einzusetzen, dass sie nochmals die Möglichkeit erhalten, ihr Wissen und Können unter Beweis zu stellen.

Dieses erste Gespräch mit dem Mentor hat Laura darin bestärkt, dass sie als Lehrperson einer sinnstiftenden Tätigkeit nachgehen kann. Sie freut sich auf den ersten Schultag und den Kontakt mit den Schülerinnen und Schülern. Zusammen mit dem Mentor geht sie eine Checkliste für die ersten Schultage durch.

Eine Checkliste für die ersten Unterrichtswochen entwickeln

Auf dieser Liste sind die wesentlichen Punkte aufgeführt, die eine Lehrperson mit den Schülerinnen und Schülern zu Beginn der Ausbildung besprechen muss. Was soll wann angesprochen werden? Der Mentor und die Kolleginnen und Kollegen können dazu wertvolle Tipps geben.

Administration/Information	1. Woche	2. Woche	3. Woche	später
Begrüssung und kurze Vorstellungsrunde				
Namenskärtchen schreiben				
Daten für die Klassenliste erheben				
Stundenplan erläutern				
Kurze Erklärung der Schulorganisation				
Rundgang durchs Schulhaus				
Verpflegungsmöglichkeiten in der Mensa				
Schul- und Hausordnung lesen				
Orientierung über anzuschaffende Lehrmittel				
Materialgeld einkassieren				
Bibliothek: Öffnungszeiten und Benützung				
Hinweis auf schulinterne Beratungsangebote				
Hinweis auf das Stütz- und Förderangebot				
Hinweis auf das Freifächerangebot				
Brandverhütung, Brandschutzmassnahmen				
Schüler- und Schülerinnenausweis austeilen				
Klassenliste erstellen und austeilen				
Vertiefte Vorstellungsrunde				
Quartalsplan kommentieren				
Regeln für das Arbeiten mit dem Laptop klären, Lernende in die Arbeit mit dem Laptop einführen: Passwort einrichten, Zugang zur schulinternen Online-Unterrichtsplattform, Einführung in MS-Office				

Alle diese Punkte am ersten Schultag zu besprechen, ist weder möglich noch sinnvoll. Der Mentor betont, dass am ersten Schultag nicht nur organisatorische Belange besprochen werden sollten. Die Schülerinnen und Schüler möchten möglichst bald in Kontakt mit den Inhalten kommen und an einem interessanten und praxisrelevanten Thema arbeiten können. Am Ende des ersten Schultages müssen die Lernenden davon überzeugt sein, dass es sich lohnt, in die Schule zu kommen und im Unterricht aktiv mitzuwirken.

Der Mentor erzählt Laura zudem, dass sich die Schülerinnen und Schüler bereits am ersten Schultag ein Bild von der Lehrperson machen; von ihrem Auftreten vor der Klasse, der Kommunikation, dem didaktischen Geschick und vielen weiteren Aspekten. Mit einem sicheren und gepflegten Auftreten wird eine wichtige Grundlage für einen lernwirksamen Unterricht gelegt.

Vor dem Unterrichtsbeginn möchte Laura mit dem Mentor noch eine weitere Frage klären, die sie schon länger beschäftigt. Im Schullehrplan sind auch überfachliche Kompetenzen aufgeführt. In der letzten Ferienwoche setzt sie sich nochmals mit dem Mentor zusammen. Sie ist gespannt auf seine Ausführungen. Wird er ihr ein kompliziertes Modell aufzeigen, wie die Methoden-, Selbst- und Sozialkompetenzen mit dem Inhalt verwoben werden können?

Das Gespräch mit dem Mentor geht in eine ganz andere Richtung. Er zeigt ihr auf, welche Haltungen und Eigenschaften im Unterricht gefördert werden sollen, damit die Lernenden die Ausbildungszeit erfolgreich, selbstkritisch und mit sozialem Engagement meistern können. Dazu zählen:
- *Neugierde* – offen und flexibel sein für neue, noch unbekannte Sachbereiche; Fragen stellen und bestehende Strukturen auch hinterfragen wollen; Wunsch nach Herausforderungen;
- *Freude am Lernen* – sich neue Fähigkeiten und Themen aneignen wollen, auf eigene Faust oder als Teil der Ausbildung; Herausforderungen suchen und meistern; das eigene Wissen und Können systematisch ergänzen wollen;
- *Ausdauer* – das Begonnene auch zu Ende führen können und wollen, auch wenn Schwierigkeiten auftauchen; Freude an der Vollendung einer Aufgabe haben; sich nicht ablenken lassen;

- *Selbstregulation* – Verhalten und Gefühle gut regulieren können; diszipliniert sein;
- *Urteilsvermögen* – Probleme und Gegebenheiten aus verschiedenen Perspektiven betrachten; Widerstandsfähigkeit gegenüber Suggestion und Manipulation stärken; keine schnellen Schlussfolgerungen ziehen und sich bei den Entscheidungen auf Tatsachen verlassen können;
- *Teamwork* – gut als Teammitglied funktionieren; loyal gegenüber dem Team sein; seinen Beitrag im Team wirklich leisten wollen;
- *Fairness* – Kolleginnen und Kollegen nach den Prinzipien der Gerechtigkeit behandeln; allen eine faire Chance geben; Entscheidungen, die andere Personen betreffen, nicht durch persönliche Gefühle beeinflussen lassen;
- *Enthusiasmus* – der Welt mit Begeisterung und Energie begegnen; Dinge nicht halbherzig tun;
- *Dankbarkeit* – gute Dinge, die geschehen, wahrnehmen und schätzen lernen;
- *Hoffnung* – für die Zukunft das Beste erwarten und daran arbeiten, es zu erreichen.

Ja, im Unterricht geht es darum, die Menschen zu stärken und die Sachen zu klären – jetzt kann sich Laura ein gutes Bild davon machen, welche übergeordneten Ziele sie im Unterricht angehen wird. Nach den ersten zwei Gesprächen mit dem Mentor hält sie für sich fest, was für die Gestaltung des Unterrichts entscheidend ist:
- Sinn und Zweck des Lehrens und Lernens durch bedeutsame Inhalte erfahren,
- mit viel Engagement lehren beziehungsweise lernen,
- eine positive Beziehung zu den Schülerinnen und Schülern aufbauen,
- positive Emotionen wie Freude, Hoffnung und Dankbarkeit wahrnehmen,
- sich über das Erreichte, über Erfolge freuen können.

Laura freut sich auf die zukünftige Tätigkeit als Lehrerin und setzt sich mit viel Elan an die Vorbereitung des ersten Unterrichtstages. Sie ist froh, dass der Mentor sie auch noch in den folgenden Monaten begleiten wird.

3

3. DER START

So viel Stoff – und so wenig Zeit!
Die Ferien in den USA waren schön und erholsam. Ganz abschalten konnte Laura aber doch nicht. Immer wieder hat sie sich in die schulinterne Unterrichtsplattform eingeloggt, um Unterlagen für das erste Semester zu sichten. Dabei hat sie sich dauernd die Frage gestellt: «Wie bringe ich nur den vielen Stoff in dieser kurzen Zeit durch?» Jetzt sitzt sie zu Hause vor dem Computer, plant den ersten Schultag und fragt sich: «Soll ich mit einer Gruppenarbeit starten, damit sich die Lernenden besser kennenlernen? Oder soll ich mit einer kleinen Prüfung anfangen, um zu erfahren, wo die Lernenden stehen?» Dauernd fallen ihr neue Ideen ein. Viel Vorbereitungszeit hat sie nicht mehr – in fünf Tagen geht es los!

Auf den folgenden Seiten wird Laura
→ Die Stofffülle bewältigen
→ Den Lernenden Orientierung geben
→ Herausfordernde Aufträge erteilen
→ Mit Heterogenität und Individualisierung umgehen
→ Klarheit und Struktur schaffen
→ Den Unterricht rhythmisieren mit dem AVIVA-Modell
→ Passende Methoden einsetzen
→ Mit unterschiedlichen Sozialformen arbeiten

Laura freut sich ungemein auf den ersten Schultag. Sie ist gespannt darauf, die Lernenden endlich kennenzulernen. Ihr Ziel ist es, nach zwei Wochen alle mit Namen ansprechen zu können. Das ist ihr wichtig, weil sich die Lernenden so ernst genommen fühlen werden. Um das zu erreichen, hat sie sich vorgenommen, nach jeder Unterrichtseinheit den Lernenden drei bis vier neue Namen zuordnen zu können.

Die Stofffülle bewältigen

Doch Laura ist auch etwas bange vor dem Start. Wie nur soll sie den vielen Stoff durchbringen? Für sie ist vorderhand nur klar, dass sie wenig Zeit für viel Inhalt hat. Wo und wie aber soll sie Abstriche machen?

Was Laura empfindet, erleben viele Einsteigerinnen und Einsteiger ähnlich. Die Inhalte in den Lehrplänen scheinen erdrückend umfangreich zu sein, weshalb der Umgang mit der Stofffülle eine besonders grosse Herausforderung darstellt. Für viele Berufe existiert ein übergeordneter Lehrplan (Bildungsplan) mit allgemeinen Vorgaben. Wie diese umgesetzt werden sollen, ist meist in Schullehrplänen ausgeführt. Alle diese Vorgaben sind verbindlich.

Es ist zunächst einmal hilfreich, sich an den Lernzielen der Schullehrpläne zu orientieren. Hier erfahren Lehrpersonen, welche Ziele zum Pflichtstoff zählen und welche zusätzlichen Ziele im Ergänzungs- oder Wahlbereich bearbeitet werden können. Wer die Stofffülle in Pflicht- und Wahlbereich unterteilt, wird nicht mehr denken, alles sei gleich wichtig, und wird sich vom Stoff auch nicht mehr so leicht erdrücken lassen.

In einem zweiten Schritt ist es nützlich, sich mithilfe einer Sachstrukturanalyse zum aktuellen Schullehrplanthema klarzumachen, welche Inhalte es zu vermitteln gilt. Mit zunehmender Erfahrung finden Lehrpersonen die für sie geeignete Form, um die Sachstruktur darzustellen (Mindmap, selbst erstelltes oder vorgegebenes Raster usw.). Auch mit viel Unterrichtserfahrung ist es aber notwendig, die einzelnen Schritte festzuhalten.

Grundsätzlich ist es ratsam, Quartalspläne zu erstellen und für jedes Quartal ein Fernziel festzulegen: Welche Inhalte sollen bis zum Ende des Quartals erarbeitet werden? Dann muss abgeklärt werden, an welchen Tagen die Schule besondere Aktivitäten wie Sporttage oder Exkursionen vorgesehen hat. Daraus ergibt sich die Anzahl der Schulwochen und Lektionen, die wirklich zur Verfügung stehen. Die Ziele und Inhalte können jetzt in abgestimmten Portionen auf die Schultage verteilt werden. Zudem sind die Prüfungen zeitlich so zu verteilen, dass am Ende des zweiten Quartals genügend Noten vorhanden sind, um ein Semesterzeugnis schreiben zu können.

Lehrpersonen mit wenig Unterrichtserfahrung neigen dazu, die Quartalspläne zu überladen. Als Folge davon kommen die Vertiefung und die Festigung der Inhalte zeitlich zu kurz. Das Arbeitstempo zu erhöhen, ist vor allem für die langsamer Lernenden keine gute Lösung.

Aus diesem Grund sollten Lehrpersonen ihre Quartalspläne laufend überprüfen, bei Bedarf überarbeiten und die Stoffmenge auf die wesentlichen Inhalte reduzieren.

«Guter Unterricht ist die beste Klassenführung.» Dieser etwas saloppe und zugespitzte Satz des Mentors aus einem der Gespräche vor den Sommerferien ist Laura im Gedächtnis geblieben. Er hat ihr geraten, neben Überlegungen zur Klassenführung vor allem den Unterricht selbst ins Zentrum zu stellen und sich auf wichtige handwerkliche Aspekte zu fokussieren: herausfordernde Aufträge, Struktur und Klarheit, Rhythmisierung.

Erfahrene Lehrpersonen haben den Unterrichtsverlauf wie ein Drehbuch im Kopf. Sie haben die wichtigsten didaktischen Überlegungen in der Vorbereitung gemacht und beginnen die Stunde mit der Überzeugung, dass die einzelnen Sequenzen und Arbeitsschritte einen roten Faden bilden und zu den Lernzielen führen. Dies ermöglicht ihnen, besser auf das Geschehen im Klassenzimmer einzugehen und auf Unvorhergesehenes reagieren zu können. Einsteigerinnen und Einsteiger dagegen sind noch stark mit sich selbst und mit dem Stoff beschäftigt. Sie haben sich zwar seriös vorbereitet, doch ihr Unterricht ist verständlicherweise mit deutlich mehr Unwägbarkeiten verbunden.

Den Lernenden Orientierung geben

Um diesen Stress zu reduzieren, lohnt es sich, mindestens zwanzig Minuten vor Unterrichtsbeginn im Klassenzimmer zu sein. In dieser Zeit lässt sich das Lehrerpult in aller Ruhe einrichten, die Technik überprüfen, das Unterrichtsmaterial bereitlegen und das Zimmer lüften. Mit diesem Vorlauf hält sich die Lehrperson den Rücken frei, um die Lernenden bei deren Eintreffen freundlich und per Handschlag zu begrüssen und in informellen Gesprächen etwas über sie zu erfahren.

Der Ablauf der ersten Lektionen muss besonders gut strukturiert sein. Es hilft den Lernenden, wenn sie die Struktur des Unterrichts jederzeit sehen können, beispielsweise auf einem Flipchart oder an der Tafel. So können sie sich orientieren und erfahren, welche Arbeiten und Lernschritte geplant sind. Im Programm sollten nur die wichtigsten Punkte aufgeführt sein und von der Lehrperson zu Beginn der Einstiegslektion kurz und verständlich erläutert werden. Danach sollten die Lernenden erkannt haben, weshalb die Inhalte für sie bedeutsam sind.

Programm am Dienstag, 15. Juni (08.20–11.50 Uhr)

Begrüssung und Programm	
Lernjournal	– Rückmeldung zu den letzten Einträgen
Rund ums Auto	– Videoclip «Temporausch»
	– Zeitungsartikel lesen
	– neue Begriffe:
	Motorfahrzeughaftpflichtversicherung,
	Schuldfrage, fahrlässig – grob fahrlässig,
	Haftung, Regress
	10.00–10.20 Uhr: grosse Pause
	– Übungen (Einzelarbeit)
	– Rollenspiel (Gruppenarbeit)
Lernjournal	– neuer Eintrag
Auswertung und Abschluss	

Das Programm hilft den Lernenden, sich im Unterricht zu orientieren.

Herausfordernde Aufträge erteilen

Es ist wichtig, dass die Lernenden nach der Einführung ins Thema bald einmal selbstständig einen Arbeitsauftrag bearbeiten. Lernende möchten nämlich gefordert und gefördert werden und vom Unterricht profitieren. Sie sind bereit, sich anzustrengen, wenn sie erkennen, dass ihre Bemühungen zu einem Lernzuwachs und Lernerfolg führen. Wenn sich hingegen schon nach kurzer Zeit das Gefühl einstellt, wenig oder nichts zu lernen, werden viele eine negative Haltung gegenüber dem Unterricht und der Schule einnehmen. Als Folge können Desinteresse, Konsumhaltung und Disziplinprobleme auftreten.

Herausfordernd sind Aufträge dann, wenn folgende Kriterien erfüllt sind:
– Arbeitsaufträge müssen gut strukturiert und verständlich formuliert sein. Zudem sollten sie in aller Regel schriftlich sein. Ein schlechter Auftrag lautet zum Beispiel: «Fassen Sie das Gelesene

zusammen.» Bei einem solchen Auftrag wissen die Lernenden nicht, in welchem Umfang und in welcher Form die Zusammenfassung erwartet wird. Dagegen hilft es ihnen, wenn die Antwortstruktur vorgegeben ist, beispielsweise: «Fassen Sie das Gelesene in vier bis fünf vollständigen Sätzen zusammen.» Auf diese Weise ergeben sich weniger Rückfragen, und die Lernenden beginnen schneller zu arbeiten. Lehrpersonen sollten darauf verzichten, Aufträge zusätzlich mündlich zu kommentieren: Alles Wesentliche sollte im Auftrag stehen.

– Ein guter Arbeitsauftrag hat einen mittleren Schwierigkeitsgrad. Er sollte die Lernenden weder überfordern, um Frustration zu vermeiden, noch unterfordern, damit sich keine Langeweile breitmacht. Damit die Lernenden herausgefordert sind, dürfen sie die Aufgabe nicht sofort lösen können, sondern müssen zunächst verschiedene Überlegungen anstellen. Lehrpersonen sollten dabei in einem solchen Mass Hilfestellungen geben, dass für die Lernenden der Eindruck bestehen bleibt, die Aufgabe im Wesentlichen selbst lösen zu können.

– Auch leistungsschwächere Lernende müssen mit herausfordernden Aufträgen konfrontiert werden. Dabei braucht es mehr Begleitung und Hilfestellungen der Lehrperson. Vor allem Lernende, die in ihrer bisherigen Schullaufbahn wenige Erfolgserlebnisse hatten, benötigen die ausdrückliche und pädagogische Zuversicht ihrer Lehrperson.

Mit Heterogenität und Individualisierung umgehen

Bereits erste Arbeitsaufträge liefern wichtige Hinweise über die Klasse und die einzelnen Lernenden. Sie sind meist wertvoller als Einstufungstests, die zwar möglicherweise das aktuelle Leistungsvermögen feststellen, aber wenig über die Entwicklungsmöglichkeiten der Lernenden aussagen. Wer die Lernenden beim Bearbeiten der Aufträge genau beobachtet, wird schnell feststellen, wie heterogen die Klasse ist und wie unterschiedlich die Lernvoraussetzungen sind: Einzelne Lernende werden sich an die Lehrperson wenden, um sich zu vergewissern, ob sie den richtigen Weg eingeschlagen haben. Andere werden die Hilfe der Lehrperson nicht beanspruchen, auch wenn sie den Auftrag nicht richtig verstanden haben, und schnell aufgeben. Ebenso werden einige Lernende mit dem Auftrag bereits fertig sein, bevor andere mit der Arbeit überhaupt richtig begonnen haben.

Es ist wichtig, solche Beobachtungen und Analysen über Wochen schriftlich festzuhalten. Sie liefern Informationen darüber, wo die Einzelnen stehen, über welches Vorwissen sie verfügen und welche Fertigkeiten, beispielsweise im Umgang mit Lesen und Schreiben, sie mitbringen.

Der Umgang mit Heterogenität gehört zu den zentralen Aufgaben des Lehrberufs. Gute Lehrpersonen machen sich bereits in der Vorbereitung des Unterrichts Gedanken darüber, mit welchen Zusatzaufgaben sie die Schnell-Lernenden in der Klasse fördern und mit welchen ergänzenden Übungsmaterialien sie mit den Langsam-Lernenden die elementaren Inhalte erarbeiten und einüben können. Im Unterricht selbst passen sie ihre Ausführungen und Erklärungen den individuellen Voraussetzungen an, sodass für alle Lernenden möglichst gute Bedingungen gegeben sind.

Aber auch die Lernenden sollten sich über ihr Wissen und Können ein Bild machen. Meistens kennen sie ihre eigenen Fähigkeiten, ihre Stärken und Schwächen recht genau. Die realistische Selbsteinschätzung der eigenen Fähigkeiten und Fertigkeiten kann über Standortbestimmungen erhoben und am Ende eines Quartals in einem Gespräch besprochen werden. Dabei kann man sich von folgenden Fragen leiten lassen:
– Was gelang gut? Wo liegen die Stärken?
– Wo gab es Schwierigkeiten? Worin bestanden sie?
– Wie schätzt die oder der Lernende die eigenen Fähigkeiten ein? Denkt sie oder er, die Anforderungen erfüllen zu können?
– Wo braucht der oder die Lernende Unterstützung? Welche Form soll diese Unterstützung haben?
– Welche Lücken gilt es zu schliessen? Woran muss der oder die Lernende arbeiten?

Durch die eigenen Beobachtungen, die Standortbestimmungen der Lernenden und das Gespräch kann sich die Lehrperson am Ende des ersten Quartals ein klareres Bild über die persönlichen und kognitiven

Lernvoraussetzungen ihrer Lernenden machen. Solche Einschätzungen sind für die Gestaltung des Unterrichts zentral. Bleiben die Voraussetzungen unberücksichtigt, werden oft auch die Lehrbemühungen wenig erfolgreich sein. Die Aufgaben im Unterricht sind dann entweder zu schwierig oder zu einfach, die Lernenden fühlen sich unter- oder überfordert – und damit auch nicht ernst genommen.

Lauras erster Schultag ist vorbei. Sie ist zufrieden und müde zugleich. Müde, weil der Unterricht sie auch körperlich stark gefordert hat. Und zufrieden, da sie den Eindruck bekommen hat, dass die Lernenden sie mögen und sie gut mitgearbeitet haben. Selbstkritisch muss sie sich eingestehen, dass der Unterricht dennoch nicht nach Plan verlaufen ist. Am Ende blieb gerade noch Zeit, die Hausaufgabe zu erteilen. Ansonsten war der Schluss hektisch, und ihr blieb keine Zeit mehr, um die Lernziele zu überprüfen und eine Rückmeldung der Lernenden zum Unterricht einzuholen.

Sie nimmt nochmals das Blatt mit der heutigen Unterrichtsvorbereitung hervor und geht alle Punkte durch. Der Mentor hat ihr ans Herz gelegt, gerade am Anfang ihres Berufseinstiegs minutiös zu reflektieren, was im Unterricht gut und was weniger gut gelungen war, sowie aufzuschreiben, welche Inhalte sie besprochen hat. Das werde ihr helfen, die nächsten Lektionen in den Grundzügen zu skizzieren.

Die Tatsache, dass Laura im Verlauf der ersten Wochen immer wieder das Gefühl bekommt, ihr würde im Unterricht die Zeit davonrennen, ist ein weit verbreitetes Phänomen, gerade bei Berufseinsteigerinnen und -einsteigern. Deshalb ist es wichtig, den Unterricht nach klaren didaktischen Überlegungen zu gestalten. Die folgenden Punkte sind dabei zu beachten.

Klarheit und Struktur schaffen

Klarheit zeigt sich zunächst einmal in einer verständlichen Sprache der Lehrperson. «Verständlichkeit» bezieht sich einerseits auf die Artikulation und die Lautstärke. Eine Lehrperson, die dauernd Silben verschluckt oder Füllwörter verwendet und beim Reden stockt, ist schlecht verständlich. Auf der anderen Seite meint «Verständlichkeit» den Inhalt des Gesagten. Erklärungen sollten korrekt sein und das Sprachvermögen der Lernenden berücksichtigen: Die Lehrperson muss kurze, einfache Sätze bilden, Fachwörter erklären und wenn möglich geläufige Wörter verwenden. Wichtig sind ebenso eine klare Gliederung (roter Faden, alles der Reihe nach) und die Beschränkung auf das Wesentliche.

Klarheit zeigt sich darüber hinaus in einem gut strukturierten Unterricht, der für die Lernenden die einzelnen Unterrichtsschritte nachvollziehbar macht. Vor allem leistungsschwächere Lernende schätzen einen gut strukturierten, öfter auch mal lehrpersonzentrierten Unterricht, der ihnen viele unterstützende Massnahmen und Anweisungen zur Lösung der Aufgaben bietet. Für diese Gruppe ist ein gut strukturierter Unterricht geradezu eine Bedingung, damit überhaupt ein Lernfortschritt erzielt werden kann.

Den Unterricht rhythmisieren mit dem AVIVA-Modell

Ein erprobtes Konzept, um den Unterricht zu strukturieren und zu rhythmisieren, ist das AVIVA-Modell. Es gliedert den Unterricht in fünf Phasen, die dem Ablauf des Lernprozesses nachempfunden sind. Lernen setzt zunächst die Bereitschaft voraus, sich auf Neues einzulassen (**A**nkommen). Beim Vorhandenen (**V**orwissen aktivieren) setzt das eigentliche Lernen (**I**nformieren) an und baut darauf auf. Damit sich das Neue festigen kann, braucht es Gelegenheit zur Anwendung, Vertiefung und Übung (**V**erarbeiten). Schliesslich wird man beim Lernen immer wieder Rechenschaft über den zurückgelegten Weg ablegen (**A**uswerten), bevor die nächste Wegstrecke in Angriff genommen wird.

In der Tabelle unten werden zwei unterschiedliche Lernwege und dementsprechend zwei Arten von Unterricht unterschieden. Beim *direkten* Vorgehen ist es die Lehrperson, die den Takt vorgibt. Bildlich gesprochen: Die Puzzleteile werden den Lernenden einzeln präsentiert; die Lehrperson zeigt, wie diese Teile zusammenpassen, wie eine Situation gemeistert werden kann. Mit der Zeit entsteht für die Lernenden daraus ein Ganzes. Die Vorgaben der Lehrperson weisen ihnen den Weg, damit sie allmählich in der Lage sind, eine bestimmte Aufgabe selbst zu bewältigen. Solch schrittweises, durch die Lehrperson gelenktes Vorgehen ist vor allem dann sinnvoll, wenn die Lernenden noch über wenig eigene Ressourcen verfügen.

Beim *indirekten* Vorgehen wird den Lernenden zu Beginn eine komplexe Aufgabe vorgegeben. Anschliessend versuchen sie selbstständig, diese mit ihren Mitteln zu analysieren und herauszufinden, wie das Problem gelöst werden kann. Beim indirekten Vorgehen ist also bereits zu Beginn das ganze Bild ersichtlich, die Lernenden können jeden weiterführenden Schritt stets mit der zu lösenden Aufgabe in Verbindung bringen und versuchen, sie aus eigener Kraft zu meistern, ohne dass die Lehrperson eingreift.

Phasen	Instruktion Direktes Vorgehen	Selbstorganisiertes Lernen (SOL): Indirektes Vorgehen
A Ankommen und einstimmen	Die Lehrperson nimmt mit den Lernenden Kontakt auf. Lernziele und Programm werden bekannt gegeben.	Die Lehrperson nimmt mit den Lernenden Kontakt auf. Die Aufgabe, das Problem wird vorgestellt; die Lernenden bestimmen Ziele und Vorgehen selbst.
V Vorwissen aktivieren	Die Lernenden aktivieren ihr Vorwissen unter Anleitung und strukturiert durch die Methoden der Lehrperson.	Die Lernenden aktivieren ihr Vorwissen selbstständig.
I Informieren	Wissen und Können werden gemeinsam entwickelt oder erweitert, die Lehrperson gibt dabei den Weg vor.	Die Lernenden bestimmen selbst, was zu lernen ist, und definieren, wie sie konkret vorgehen wollen.
V Verarbeiten	Aktiver Umgang der Lernenden mit den vorgegebenen Inhalten: verarbeiten, vertiefen, üben, anwenden, festigen ...	Aktiver Umgang der Lernenden mit den neuen Inhalten: verarbeiten, vertiefen, üben, anwenden, festigen ...
A Auswerten	Ziele, Vorgehen und Lernerfolg überprüfen ...	Ziele, Vorgehen und Lernerfolg überprüfen ...

Lernphasen nach AVIVA

Beim Unterricht geht es nun darum, diese fünf Phasen bei der Planung und Durchführung stets sorgfältig zu beachten. Im Folgenden werden ein paar Umsetzungsideen für jede der fünf Phasen vorgestellt.

Phase A – Ankommen

Am Anfang der Unterrichtseinheit sollen die Lernenden ankommen dürfen. Die Lehrperson setzt ein Signal mit der Botschaft: «Hallo, hier findet Unterricht statt – und das braucht Konzentration und Anstrengung.» Eine klare und freundliche Begrüssung mit dem Hinweis auf das Programm, das es zu bearbeiten gilt, gibt das Zeichen zum Unterrichtsbeginn. Von den Lernenden werden Konzentration und aktives Zuhören verlangt.

Phase V – Vorwissen aktivieren

In der nächsten Phase soll die Aufmerksamkeit der Lernenden auf die Arbeit fokussiert werden. Erfahrenen Lehrpersonen steht für diese Phase ein breites Repertoire an Möglichkeiten zur Verfügung, so beispielsweise:
– Mithilfe eines eingeblendeten Bildes, das zum Unterrichtsthema passt, werden Ideen der Lernenden gesammelt.
– Die Lernenden bringen Beispiele aus ihrer Erfahrungs- und Lebenswelt ein, die sich auf das behandelte Thema beziehen.
– Kurze Problemlöse- oder Denksportaufgaben regen das Denken der Lernenden an.

Diese Phase ist zeitlich begrenzt und sollte nicht länger als zehn bis fünfzehn Minuten dauern. Die Lernenden können während dieser Phase ihre Vorkenntnisse und Erfahrungen zum Thema in Erinnerung rufen und einbringen.

Phase I – Informieren

In dieser Phase vermittelt die Lehrperson den neuen Inhalt, beispielsweise in einem kurzen Vortrag. Sie visualisiert ihre Ausführungen laufend auf einem Flipchart, an der Tafel oder auf einer Folie. Auf diese Weise macht sie vor den Augen der Lernenden Zusammenhänge ersichtlich, notiert zentrale Begriffe und schafft so eine Struktur, an der sich die Lernenden orientieren können. Das lebendige Vortragen regt die Lernenden eher dazu an, der Lehrperson zu folgen und mitzudenken als perfektionierte Präsentationen.

Phase V – Verarbeiten

Anschliessend sollen die Lernenden selbst aktiv werden und mithilfe von Aufträgen die neuen Inhalte erarbeiten. Dafür braucht es ausreichend Zeit. Möglicherweise benötigen einzelne Lernende die Unterstützung der Lehrperson. Je nach Konzentrationsvermögen kann diese Arbeitsphase 30 bis 45 Minuten dauern. Die Lehrperson sollte sich am Ende dieser Phase einen Überblick darüber verschaffen, welche Aufgaben die Lernenden bereits bearbeitet haben und wo Schwierigkeiten aufgetaucht sind.

Phase A – Auswerten

In der Auswertungsphase halten Lehrperson und Lernende Rückschau. Die ersten vier Phasen werden innerlich noch einmal durchgegangen und hinterfragt. Es ist für alle Beteiligten wichtig, eine Einheit abzuschliessen, um dann wieder etwas Neues beginnen zu können. Zum Rückblick gehört auch ein Ausblick. Wie wird es weitergehen? Auf welche Fragen werden wir zurückkommen? Leitfragen für die Lernenden können sein:

- Bin ich mit der Unterrichtseinheit zufrieden? Was habe ich dazu beigetragen, dass ich zufrieden sein kann? Wenn ich unzufrieden bin, was ist der Grund für meine Unzufriedenheit?
- Was habe ich heute gelernt? Was ist mein Wissenszuwachs? Was habe ich dazu beigetragen, dass ich Fortschritte machen konnte?
- Was ist mir unklar? Was bereitete mir Schwierigkeiten? Wo brauche ich Hilfe?
- Was nehme ich mir im Hinblick auf die nächste Unterrichtseinheit vor?

Die Lehrperson kann diesen Rückblick schriftlich (in Form eines Lernjournals, einer Lerndokumentation usw.) oder mündlich (als Blitzlicht oder Feedbackrunde) durchführen. In beiden Fällen bekommt sie wichtige Hinweise für die Detailplanung der nächsten Unterrichtseinheit.

Passende Methoden einsetzen

Je nach Lerninhalt wählt die Lehrperson die dafür passende Methode. Sie muss einschätzen, für welche Ziele sich welche Methoden eignen und wie die einzelnen Methoden lernendengerecht umgesetzt werden. Ganz grob lassen sich Methoden in eher lehrpersonzentrierte und eher lernendenzentrierte Methoden unterteilen. Bei den lehrpersonzentrierten Methoden hält die Lehrperson die Fäden in der Hand und gibt vor, was die Lernenden tun müssen. Bei den lernendenzentrierten Methoden übernehmen die Lernenden mehr Verantwortung für das eigene Lernen. Sie können in einem vorgegebenen Zeitfenster beispielsweise selbst entscheiden, wie sie vorgehen und wie sie das erarbeitete Produkt präsentieren wollen.

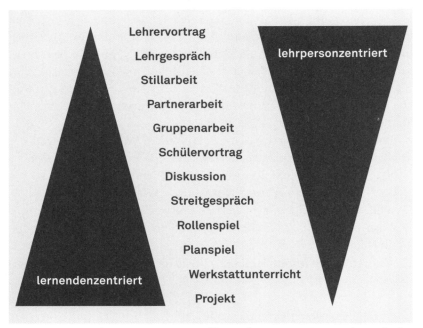

Lehrpersonzentrierte und lernendenzentrierte Unterrichtsmethoden

Welche Methoden sollen wann eingesetzt werden? Bei Lernenden, die noch über wenig Ressourcen verfügen, ist es sinnvoll, zu Beginn eher lehrpersonzentrierte Methoden einzusetzen und den Unterricht gut zu rhythmisieren. Die Lehrperson geht also mit den Lernenden in kleinen Schritten durch den Unterricht und achtet darauf, dass die Phasen des

Aufnehmens und des Verarbeitens neuer Inhalte in einem angemessenen Verhältnis zueinanderstehen. In leistungsstärkeren Klassen kann man dagegen schon zu einem frühen Zeitpunkt mit lernendenzentrierten Methoden arbeiten.

In den ersten Wochen hangelt sich Laura von Woche zu Woche und von Unterrichtseinheit zu Unterrichtseinheit. Das ist nicht aussergewöhnlich für Lehrpersonen während des Berufseinstiegs. Die meisten sind erst nach einer gewissen Zeit in der Lage, grössere Unterrichtseinheiten zu planen und durchzuführen. Was Laura zunehmend Sicherheit gibt, ist ihr immer besser strukturierter und rhythmisierter Unterricht. Unzufrieden ist sie hingegen mit den Sozialformen, in denen sie ihre Lernenden arbeiten lässt: Während der Einzelarbeiten schwatzen die Lernenden oft miteinander, und bei Gruppenarbeiten sind nicht alle gleich aktiv. Laura muss sich eingestehen, dass sie ihre Entscheidungen über die Sozialform meistens zufällig fällt. Sie will beim nächsten Treffen mit ihrem Mentor eingehend darüber reden.

Mit unterschiedlichen Sozialformen arbeiten

Im Unterricht stehen vier Sozialformen zur Auswahl: Einzelarbeit, Partnerarbeit, Gruppenarbeit und Frontalunterricht. Mit der Wahl der Sozialform trifft die Lehrperson Entscheidungen in zwei wichtigen Bereichen.

- Wie soll das Lernen *räumlich* organisiert sein? Beim Frontalunterricht sind die Pulte und damit auch die Blicke der Lernenden nach vorne (aus)gerichtet. Alle hören zu und versuchen zu verstehen, was die Lehrperson erklärt. Die Partnerarbeit erfordert eine andere räumliche Struktur: Hier sitzen sich zwei Lernende in der Regel gegenüber. In einer Gruppenarbeit wiederum sitzen die Lernenden nebeneinander und einander gegenüber.
- Die zweite Entscheidung betrifft die *Kommunikation* im Unterricht. Wer soll mit wem kommunizieren und wie? Beim Frontalunterricht läuft die Kommunikation über die Lehrperson: Sie referiert, stellt Fragen, fordert Lernende auf, etwas zu sagen oder regt eine Diskussion im Klassenverband an. Anders bei der Gruppenarbeit: Hier

müssen sich drei bis fünf Lernende verständigen, was zu tun ist und wie sie sich organisieren wollen.

Jede Sozialform hat ihre Eigenheiten und ihre Berechtigung. Wichtig ist, im Unterricht immer wieder abzuwechseln und in verschiedenen Sozialformen zu arbeiten. Letztlich sind es didaktische Überlegungen, die über die Wahl der Sozialform entscheiden.

Der Frontalunterricht

Beim Frontalunterricht wird das Lernen vor allem von der Lehrperson gesteuert. Sie gibt die Ziele vor, zerlegt den Unterrichtsstoff in überschaubare Einheiten, vermittelt das notwendige Wissen und stellt Fragen unterschiedlicher Schwierigkeit, sodass die Lernenden die richtige Lösung mit grosser Wahrscheinlichkeit finden können. Die Lehrperson besorgt das Übungsmaterial und erteilt Arbeitsaufträge. Bei der Gestaltung des Frontalunterrichts müssen folgende Aspekte beachtet werden:
– Klarheit des Unterrichtsziels;
– kurze Wiederholung(en) des behandelten Stoffes;
– Vorgehen in kleinen Schritten mit vielen Übungsmöglichkeiten;
– regelmässige Kontrolle und systematische Rückmeldungen.

Einzelarbeit

Einzelarbeiten werden im traditionellen Unterricht vor allem in zwei Situationen eingesetzt: beim Erarbeiten und Festigen der Lerninhalte oder bei einer schriftlichen Prüfung. Dabei bearbeiten die Lernenden einen vorgegebenen Auftrag selbstständig. Die Lehrperson beobachtet die Lernenden und unterstützt diese individuell bei Bedarf.

Eine spezielle Form der Einzelarbeit ist die Freiarbeit. Hier wird ein Zeitfenster, zum Beispiel eine Lektion pro Woche, für individuelles Arbeiten reserviert. Die Lernenden entscheiden selbst, welchen Stoff sie in dieser Zeit erarbeiten, üben oder vertiefen möchten. Die Lehrperson berät sie bei Bedarf, zum Beispiel bei der Auswahl der Aufgaben. Diese Form stellt hohe Anforderungen an die Selbststeuerung der Lernenden und sollte erst angewendet werden, wenn die entsprechenden Ressourcen aufgebaut worden sind: Die Lernenden müssen vorausschauen, planen, das Verstehen und den Lernprozess überwachen und am Ende das Lernergebnis, beispielsweise mit Lösungen aus dem Lehrmittel, kontrollieren können.

Partnerarbeit

Partnerarbeiten sind unter Lernenden beliebt, weil sie einen sozialen Austausch ermöglichen. Man bespricht die Aufgabenstellung gemeinsam und unterstützt sich gegenseitig. Jungen Erwachsenen fällt es häufig einfacher, Tipps und alternative Lösungswege von Gleichaltrigen anzunehmen als von Lehrpersonen.

Ein wichtiger Faktor bei der Partnerarbeit ist die Zusammensetzung der Tandems. Grundsätzlich gibt es zwei Möglichkeiten: Die Lernenden wählen ihren Lernpartner, ihre Lernpartnerin selbst, oder die Lehrperson bestimmt die Tandems. Bei der freien Wahl des Partners oder der Partnerin spielt die Beziehungsebene eine grosse Rolle. Wenn die Zusammenarbeit funktioniert, greift die Lehrperson nicht ein. Wenn hingegen die freie Partner- und Partnerinnenwahl zu unerwünschten Begleiterscheinungen (Unstimmigkeiten, Ineffizienz, gegenseitige Ablenkung usw.) führt, muss die Lehrperson intervenieren.

Aus guten Gründen kann die Lehrperson die Tandems selbst bestimmen. Wenn sie beispielsweise die speziellen Fähigkeiten, Vorlieben oder Haltungen einzelner Lernender in der Klasse gezielt kombinieren möchte, können Tandems zum Beispiel nach folgenden Kriterien zusammengesetzt werden:
– Erstsprache Deutsch – andere Erstsprache;
– viel Vorwissen – wenig Vorwissen;
– leistungsstarke Lernende – leistungsschwache Lernende.

Wenn leistungsstarke Lernende mit eher leistungsschwachen zusammenarbeiten, können auch Sozialkompetenzen eingeübt werden: einen Augenblick lang auf das langsamere Gegenüber warten; sich die Argumente des/der anderen anhören und prüfen, ob die Begründung stichhaltig ist; ein Arbeitsergebnis als Teamarbeit abliefern, ohne die eigenen Verdienste hervorstreichen zu müssen – das sind vielfältige Gelegenheiten für soziales Lernen.

Werden dagegen leistungshomogene Tandems gebildet, können sie zielgerichtet und sachbezogen arbeiten. Die Lernenden werden in kurzer Zeit viele Aufgaben bearbeiten. Das stärkt das Selbstvertrauen und gibt Mut, sich neuen, anspruchsvolleren Aufgaben zu stellen. Zudem lässt der Vergleich mit anderen guten Tandems die eigenen Stärken und Schwächen erkennen.

Gruppenarbeit

Bei Gruppenarbeiten wird die Klasse in mehrere Gruppen eingeteilt. Jede Gruppe arbeitet selbstständig an einem Thema und stellt der Klasse am Ende ihre Ergebnisse vor. Diese Form von Unterricht gelingt dann, wenn sich das Thema für eine Gruppenarbeit eignet und die Lernenden die Voraussetzung mitbringen, selbstständig in einer Gruppe zu arbeiten. Gruppenarbeiten können deshalb nicht in jedem Fall gleich zu Beginn eingesetzt werden. Im Gegensatz zum Frontalunterricht kann die Lehrperson nicht wissen, wie die einzelnen Gruppen arbeiten werden und zu welchen Ergebnissen sie kommen.

Damit Gruppenarbeiten effizient und lernwirksam sind, gilt es folgende Punkte zu beachten:
- Schriftlich abgefasste Aufträge mit klaren Zielsetzungen erleichtern den Lernenden das selbstständige Arbeiten.
- Innerhalb der Gruppe sollte eine Arbeitsteilung gemacht werden: Jemand ist für die Einhaltung der Zeit verantwortlich, jemand für das Abfassen des Produkts, jemand für die Einhaltung des abgemachten Vorgehens und so weiter. Die Arbeitsteilung kann entweder von der Lehrperson vorgegeben oder von den Gruppenmitgliedern bestimmt werden – in beiden Fällen ist gewährleistet, dass alle in den Arbeitsprozess integriert sind.
- Die Lehrperson ist immer ansprechbar, ohne sich aufzudrängen. Sie hält sich vor allem zu Beginn der Gruppenarbeit zurück.
- Bei längeren Gruppenarbeiten vereinbart die Lehrperson Zeitpunkte für Zwischengespräche.
- Gruppenkonflikte sollten in aller Regel erst im Nachhinein besprochen werden. Während der Gruppenarbeit müssen sie von den Gruppenmitgliedern selbst gelöst werden.

Bei einem weiteren Treffen mit dem Mentor zieht Laura eine Zwischenbilanz. Ihr Unterricht, findet sie, sei nach einem holprigen Start besser geworden. Für die nächsten Wochen nimmt sie sich vor, die Aufträge mit einer klareren Antwortstruktur zu formulieren. Einen besonderen Fokus möchte sie auf die Rhythmisierung legen. Sie setzt sich zum Ziel, alle Phasen von AVIVA zu durchlaufen und zum Inhalt passende Sozialformen und Methoden zu finden. Der Mentor findet ihr Vorgehen sinnvoll und rät ihr, zusätzlich Differenzierungsmassnahmen in ihren Unterricht einzubauen, um der Heterogenität der Klasse gerecht zu werden. Und als mittelfristiges Ziel solle sie sich vornehmen, für jedes Schullehrplanthema eine Strukturskizze zu entwerfen, um auf dieser Basis Unterrichtseinheiten reduzieren zu können.

4

4. REGELN UND RITUALE

Laura hat die ersten vier Schulwochen hinter sich. Sie ist im Grossen und Ganzen zufrieden mit sich. Ihr Unterricht, findet sie, wird langsam besser und sie gewinnt an Sicherheit. Auch das Klassenklima erlebt sie als angenehm. Einige Schülerinnen und Schüler sind zwar etwas vorlaut, was wohl mit dem Alter zu tun hat. Und dass ein Schüler am Morgen und nach den Pausen regelmässig zu spät kommt – das wird sich wohl legen. Was Laura aber stört: Zwei, drei Lernende gehen während des Unterrichts häufig zur Toilette und lenken die anderen damit ab. Sie sollte das ansprechen, denkt Laura. Gleichzeitig findet sie, dass sie die Lernenden nicht bevormunden möchte. Vielleicht wäre das ein Thema, das sie mit dem Mentor besprechen könnte.

In diesem Kapitel beschäftigt sich Laura mit folgenden Themen:
→ Lernklima und Motivation – vom Müssen zum Wollen
→ Feedback – erfahren, was man kann
→ Beziehungen gestalten – sinnstiftend interagieren
→ Kommunikation – der Schlüssel zum Erfolg
→ Regeln und Rituale – Störungen vorausdenken
→ Interventionen – Massnahmen bei Störungen

Lernklima und Motivation – vom Müssen zum Wollen

Das wichtigste Ziel einer Lehrperson muss darin bestehen, dass alle Lernenden am Unterricht teilnehmen und lernen, was zu lernen ist. Nun ist es alles andere als einfach, Unterricht inhaltlich adäquat vorzubereiten, dem Stoff gerecht zu werden – und zugleich so zu unterrichten, dass alle dabei sind und die gesetzten Lernziele erreichen. Dazu gehören nicht nur die richtigen Methoden und Lernarrangements sowie eine positive, Beziehungen begünstigende Haltung. Wichtig ist auch, dass Lehrpersonen das Geschehen im Klassenzimmer jederzeit im Auge behalten und sich stets im Klaren sind, was sie tolerieren wollen und was sie stört. Insbesondere braucht es ein Klassenklima, das sich aufs Lernen förderlich auswirkt.

Den Grundstein für ein lernförderliches Klima legt man schon bei der ersten Begegnung im Klassenzimmer. Die Lernenden sind neugierig und wollen wissen, auf wen sie sich einlassen. Nun sind nicht alle Lernenden jederzeit bereit, dem Unterricht zu folgen. Dies kann verschiedene Ursachen haben. Lernende bringen zum Beispiel die unterschiedlichsten Schul- und Lernerfahrungen mit und verfügen deshalb nicht über identische Voraussetzungen. Als Lehrperson muss man sich dessen bewusst sein und es in Rechnung stellen. Man muss zudem damit rechnen, dass der Unterricht selten nach Plan verläuft. Dies hängt unter anderem mit der schwankenden Motivation der Lernenden, aber auch der Lehrenden zusammen.

Motivation ist ein Begriff, der viel verwendet, aber wenig verstanden wird. Oft ist zum Beispiel die Rede von Motivationsmangel, wenn nebulöse Unlustgefühle beschrieben werden sollen. Was also verstehen wir unter Motivation? All das, was Handlungs- und Anstrengungsbereitschaft auslöst. Beweggründe und Motive, die Lernende zum Beispiel veranlassen, sich den Stoff anzueignen und sich nicht durch jede auftretende Schwierigkeit davon abhalten zu lassen. Dabei wird die Motivation umso höher sein, wenn Lernende neue Informationen mit ihrem Vorwissen verknüpfen können. Es ist deshalb wichtig, darauf zu achten, dass die Lernenden im Unterricht ihr Vorwissen aktivieren, bevor der nächste Schritt in Angriff genommen wird.

Eine Reihe von Faktoren können sich negativ auf die Motivation auswirken. Dies können persönliche Ereignisse und Umstände, etwa familiär belastende Situationen, aber auch Aspekte des Unterrichts oder des Lernklimas selbst sein. Beispielsweise können unklar oder realitätsfern formulierte Aufträge (was muss genau gemacht werden?), fehlendes Feedback für gute Leistungen (was ich auch mache, es ist nie gut genug) oder Mobbing (wenn ich etwas sage, lachen die anderen) motivationshemmend sein. Nimmt die Lehrperson solche Faktoren zu wenig oder zu spät wahr, verabschieden sich die Lernenden schnell in eine Parallelwelt: zücken das Handy, verlassen das Klassenzimmer, unterhalten sich mit anderen oder stellen ermüdende, stofffremde Fragen. Sie bewegen sich dort, wo sie das Gefühl haben, selbst bestimmen zu können, was sie tun wollen. Damit entfernen sie sich aber vom eigentlichen Zweck des Unterrichts: dem Lernen.

Es werden zwei Arten der Motivation unterschieden: einerseits die *intrinsische* Motivation (von innen gesteuert: vom eigenen Interesse, von der eigenen Neugier), anderseits die *extrinsische* Motivation (von aussen gesteuert: etwa via Belohnung oder gute Noten). Lernende mit hoher intrinsischer Motivation zeigen in der Regel eine grössere Lernbereitschaft, davon dürfen wir ausgehen. Intrinsische Motivation kann aber im Unterricht nicht ohne Weiteres vorausgesetzt werden. Der Schulbesuch ist auch in der beruflichen Bildung nicht freiwillig.

An dieser Stelle kommt nun die Lehrperson ins Spiel. Nicht zwingend, indem sie alles, was verlangt wird, mit Noten bewertet und so die Motivation zu steuern versucht, sondern vor allem – und das ist sehr anspruchsvoll –, indem sie eine Lernumgebung schafft, die den Lernenden jeden möglichen Impuls gibt, um sich aktiv am Unterricht zu beteiligen, eine Lernumgebung, die ihnen ein hohes Mass an Selbstbestimmung gewährt und das Gefühl gibt, sich frei für etwas entscheiden zu können.

Laura weiss oft nichts zu erwidern, wenn Lernende ihr erklären, sie seien nicht motiviert. Von ihrem Mentor hat sie sich sagen lassen, dass es in solchen Situationen meist zu spät sei für eine vernünftige Reaktion. Denn Motivation setze eben in erster Linie eine lernförderliche Umgebung voraus. Zentral hierfür – das hat der Mentor besonders betont – sei die Haltung der Lehrperson: Wenn es ihr gelinge, den Lernenden den Wert von Engagement, Wille und Ausdauer zu vermitteln, fördere sie deren Durchhaltewillen und die Freude an den schwierig erscheinenden Lerninhalten. Den Lernenden vorzugaukeln, der Stoff sei einfach oder gar nicht so wichtig, nütze hingegen wenig. Und wenn die Lehrperson darüber hinaus selbst von den Inhalten begeistert sei, stünden die Chancen nicht schlecht, dass die Lernenden mitziehen und Teil des Unterrichts sein wollen. Förderlich sind weiter:
– eine grosse Wahlfreiheit in der Aufgabenstellung;
– Möglichkeiten für die Lernenden, Inhalte mitzubestimmen;
– Eingehen auf die Lebenswelt der Jugendlichen;
– Transparenz mit Blick auf Ziele und Zwischenziele;
– lernförderliche Feedbacks (nicht nur: «Das war sehr gut», sondern immer mit einer Begründung, gestützt auf die Aufgabenstellung).

All dies erweist sich am Anfang als schwierig, da man schon mit der Stofffülle stark ausgelastet ist.

Das Feedback – erfahren, was man kann

Konstruktives Feedback und inhaltsreiche Rückmeldungen haben grosse Wirkung auf das Lernen und die Motivation. Feedback sollte sich auf die Aufgabenstellung und auf den Lernprozess konzentrieren. Personengebundene, allgemeine Rückmeldungen wie Lob oder Tadel sind hingegen nicht sehr wirksam, da sie keine lernrelevanten Informationen enthalten.

Die Lehrperson muss selbst entscheiden, wann Feedback angebracht ist. Am Anfang steht dabei ihre Wahrnehmung, etwa: Welches Verhalten zeigt ein Lernender oder eine Lernende in einer bestimmten Situation? Wie geht er oder sie mit einer Schwierigkeit um? Kommt es zu Störungen im Unterricht? Als Nächstes gilt es, sicherzustellen, dass die eigene Wahrnehmung stimmt, Gehörtes zum Beispiel richtig verstanden wurde. Formulierungen wie «Habe ich Sie richtig verstanden, dass ...?» geben dem Gegenüber Gewissheit, dass man ihm zuhört. Dann erst folgt die Wertung: Lehrpersonen melden zurück, wie sie Gehörtes empfinden, Beobachtetes einordnen. Der Kreis schliesst mit der Reaktion, Blickkontakt, einem Kopfnicken, einer Aussage, vielleicht einem Wunsch.

Die folgende Vorgehensweise hat sich bei Feedbackgesprächen bewährt:
– Eine Aussage wird in eigenen Worten wiederholt.
– Emotionen werden gespiegelt («... das hat Sie also masslos geärgert»), wobei Sie darauf achten sollten, nicht zu übertreiben. Viele Lernende fühlen sich sonst nicht ernst genommen.
– Nachfragen (klären, ob man alles richtig verstanden hat);
– Weiterführen (wie hat sich XY dann verhalten?);
– Abwägen (was war schlimmer, schmerzhafter usw.?).

Am Ende des Gesprächs formulieren alle Beteiligten, was sie daraus mitnehmen und welche Fragen sie weiterverfolgen wollen. Manchmal sind Gespräche auch etwas schwieriger und lassen sich nicht nach

Schema F abwickeln. Hier lohnt es sich, die folgenden Möglichkeiten zu prüfen:

- Vorgesetzte, Ausbildende zum Gespräch einladen;
- Ich-Botschaften formulieren;
- Auf der Sachebene bleiben;
- Vor- und Nachteile auflisten;
- Gemeinsamkeiten herausarbeiten und benennen.

Im Unterricht stehen Lehrpersonen zuweilen auch vor der Herausforderung, Feedback von ihren Lernenden einzufordern, zum Beispiel am Anfang oder am Ende eines Semesters, vor Lehrabschluss oder nach einer missglückten Prüfung. Dabei müssen sie sich bewusst sein, zu welchem Thema oder welchem Bereich sie Feedback wollen und auch annehmen können.

Die Lernenden ihrerseits müssen genau wissen, ob sie zu einer bestimmten Prüfung, zum Schwierigkeitsgrad oder zu den erarbeiteten Lernstrategien Feedback geben sollen. Lehrpersonen dürfen sich auf das Feedback hin unter keinen Umständen verteidigen. Stattdessen sollen sie darlegen, was das Feedback in ihnen auslöst und wie sie darauf reagieren wollen. Allfällige Missverständnisse sind zu klären und gemeinsam mit den Lernenden ist festzulegen, was man künftig besser machen könnte.

Feedback kann im Übrigen nicht nur durch Worte, sondern auch durch das Verhalten oder die Mimik stattfinden. Oft geben Lehrpersonen auch ohne Absicht und ohne sich dessen bewusst zu sein Feedback – beispielsweise wenn sich an ihrem Gesichtsausdruck (Stirnrunzeln) ablesen lässt, dass ihnen die Aussage eines oder einer Lernenden missfällt. Erfahrene Lehrpersonen werden sich bemühen, solch unbewusste, unkontrollierte Feedbacks nach Möglichkeit zu vermeiden.

Beziehungen gestalten – sinnstiftend interagieren

Während der gemeinsamen Lehr- und Lernzeit ist es für die Lehrperson eine Herausforderung, einerseits zu ihren Lernenden eine gute Beziehung aufzubauen und andererseits darum besorgt zu sein, dass sich auch die Lernenden um gute Beziehungen untereinander bemühen und dies als erstrebenswert erachten.

Laura erlebt in den ersten Wochen ihrer Unterrichtstätigkeit einige Turbulenzen: Einzelne Lernende reden während des Unterrichts dazwischen, machen Lärm und widmen sich ihrem Handy. Andere gehen im Klassenzimmer hin und her oder unterhalten sich mit anderen und halten sie so vom Lernen ab. Laura muss deshalb immer wieder intervenieren. Sie wird mitunter laut und manchmal überkommen sie auch Zweifel, ob sie diese Situationen in Zukunft wird meistern können. Sie fragt sich, was sie falsch macht – und sucht das Gespräch mit dem Mentor.

Dieser spricht etwas Grundsätzliches an: Ob eine Lehrperson es ehrlich mit den Lernenden meint, ob sie ihr am Herzen liegen, das würden Lernende schnell realisieren. Unterricht sei eine Herzensangelegenheit – und auch eine Frage der Persönlichkeit. Die Lehrperson muss sich fragen: Was ist mir wichtig im Unterricht? Ist es der gegenseitige Respekt, die gegenseitige Unterstützung – dass man sich bei Schwierigkeiten hilft? Im Unterricht, so der Mentor, haben Lehrpersonen den Auftrag, Wissen zu vermitteln und zugleich zu gewährleisten, dass störungsfrei gelernt werden kann. Das kann mitunter schwierig werden, gilt es doch, allen Lernenden die nötige Beachtung zu schenken und auch mit Lernenden umzugehen, die den Unterricht stören. Ein gut vorbereiteter Unterricht garantiert nicht, dass keine Störungen auftreten. Vorbereitung hilft aber, den roten Faden trotz widriger Umstände nicht zu verlieren.

Positive Beziehungen in der Klasse aufzubauen, ist nicht immer einfach. Die Lehrperson kann dazu einiges beitragen: indem sie freundlich ist, die Lernenden im Unterricht empfängt, als Erste im Klassenzimmer ist, auch einmal mit ehrlichem Interesse nach dem Befinden der Lernenden fragt, ein offenes Ohr für Probleme hat und sich als vertrauenswürdige Ansprechperson erweist. Wichtig ist zudem, dass die Lehrperson ein festes, bestimmendes Verhalten zeigt, das weder aggressiv noch passiv ist. Von Vorteil sind eine klare Körpersprache, Augenkontakt und ein angemessener Tonfall. So signalisiert sie den Lernenden, dass sie im positiven Sinne präsent ist.

Unterrichtsstörungen können, müssen aber nicht zwingend mit der Lehrperson zu tun haben. Klar ist: Die Reaktion der Lehrperson in solchen Situationen hilft den Lernenden, sich in Konfliktsituationen angemessen zu verhalten. Zunächst sucht die Lehrperson nach den Gründen, weshalb zum Beispiel eine Lernende oder ein Lernender ständig schwatzt oder sich mit Dingen beschäftigt, die mit dem Unterricht nichts zu tun haben. Das hilft ihr, ein Problem am richtigen Ort anzusiedeln: am Arbeitsplatz, im Elternhaus, bei den Freunden und so weiter.

Dadurch ist die Lehrperson in der Lage, ihr Interaktionsverhalten anzupassen und sich bei Störungen auch nicht persönlich verletzt zu fühlen. Es gilt also, zunächst die Ursache einer Störung im persönlichen Gespräch zu klären, um daraus mögliche Massnahmen herzuleiten. Das übergeordnete Ziel besteht stets darin, dass alle Lernenden sich auf das Lernen konzentrieren können, ohne ihre momentane psychische Verfassung leugnen zu müssen. Für die Lernenden ist auch die Erfahrung wichtig, dass die Lehrperson Probleme ernst nimmt und daran interessiert ist, als Ansprechperson unterstützend zu wirken. Und dass sie sich von ihrem Auftrag, dem Unterrichten, dennoch nicht ablenken lässt.

Lehrpersonen wirken im Unterricht verbal und nonverbal. Die Lehrperson sollte immer wissen, wie sie wirkt. Wichtig ist vor allem, was die Lernenden verstehen, wenn die Lehrperson kommuniziert. Auf der verbalen Ebene müssen Lehrpersonen auf Folgendes achten: Vorgaben wiederholen, Standardsprache (Schriftdeutsch) verwenden, Lernende direkt ansprechen und auch direkte Fragen stellen. Auf der nonverbalen Ebene sollten sie sich räumlich nicht zu weit von den Lernenden entfernt bewegen, stets Blickkontakt halten und hektische Bewegungen vermeiden.

Die Lehrperson sollte ferner den eigenen Gesamteindruck kritisch beleuchten. Dabei helfen die folgenden Fragen:
– Wie bin ich angezogen? → Wie steht es um meine Textilkompetenz?
– Bin ich vorbereitet? → Verfüge ich über methodisch-didaktische Kompetenz?
– Wirke ich distanziert? → Bin ich empathisch?
– Wirke ich verkrampft? → Wie steht es um meine eigene Befindlichkeit?

Lernende lassen sich leicht ablenken. Auch das Verhalten der Lehrperson kann ablenken, wie die folgenden Punkte zeigen:

- Ablenkung durch Sprechen: Wenn sich die Lehrperson während Stillarbeiten mit einzelnen Lernenden unterhält.
- Ablenkung durch die Art des Sprechens: Wenn die Lehrperson undeutlich oder zu schnell spricht.
- Ablenkung durch körperliche Nähe: Wenn die Lehrperson zu dicht hinter den Lernenden steht, während sie arbeiten, oder wenn sie vor ihnen in die Hocke geht.
- Ablenkung durch Kleider: Wenn sich Lehrpersonen wie Jugendliche aus der Subkultur kleiden oder auffällig bedruckte Shirts tragen.

Die Lernenden beobachten ihre Lehrpersonen sehr genau und realisieren, ob sie sich auf den Unterricht mit ihnen freuen. Das zeigt sich auch an der Haltung der Lehrpersonen gegenüber den Lernenden. Schule ist Arbeit, das soll sich auch darin äussern, dass Lehrpersonen weder in Garten- noch in Strandkleidung zum Unterricht erscheinen.

Kommunikation – der Schlüssel zum Erfolg

Beim Kommunizieren gibt es ein paar wichtige Punkte, die man generell beachten sollte. Zunächst steht die Binsenwahrheit, dass wir nicht *nicht* kommunizieren können. Wir kommunizieren ohne Unterlass, mit Absicht oder nicht.

Zum Zweiten besteht Kommunikation, einfach gesagt, darin, dass ein «Sender»/eine «Senderin» (zum Beispiel eine Lehrperson) einer «Empfängerin»/einem «Empfänger» (zum Beispiel einer Schülerin) eine Botschaft übermittelt. In Wirklichkeit sind die Dinge natürlich etwas verzwickter: Wenn jemand etwas mitteilt, wird die Botschaft vom Empfänger/von der Empfängerin nicht unverfälscht und eins zu eins so, wie vom Sender/von der Senderin beabsichtigt, empfangen. Sie wird vielmehr vom Empfänger/von der Empfängerin auf eine spezifische Weise interpretiert. Jede Botschaft, jede Äusserung hat stets vier verschiedene Ebenen, die es zu berücksichtigen gilt:

- die Sachebene = Information: «Dort ist eine Spinne.»
- die Selbstkundgabe = Was ich mit meiner Botschaft über mich verrate: «Ich fürchte mich vor Spinnen.»

- die Beziehungsebene = Was ich von dir denke: «Du erschrickst sicher und fällst um.»
- die Appellebene = Was man bei anderen erreichen möchte: «Sei vorsichtig.»

Diese vier Ebenen lassen sich sowohl auf den Sender/die Senderin («vier Schnäbel») als auch auf den Empfänger/die Empfängerin («vier Ohren») beziehen.

Viele Missverständnisse gründen darin, dass der Empfänger/die Empfängerin der Nachricht etwas anderes aufnimmt oder versteht, dass «mit einem anderen Ohr gehört wird», als dies vom Sender/von der Senderin intendiert war. So hört der Empfänger zum Beispiel: «Sie will mich bevormunden und zur Vorsicht mahnen, obwohl mir Spinnen gefallen und ich sie züchte.» Dabei hatte die Senderin womöglich ganz anderes im Sinn und wollte zum Beispiel lediglich auf die eigene Angst vor Spinnen aufmerksam machen.

Es ist der Empfänger/die Empfängerin, der/die die Information oder Botschaft «macht». Diese Erkenntnis hilft entscheidend mit, bestimmte Reaktionen von Lernenden, die nicht das hören, was man ausdrücken wollte, zu verstehen und nicht persönlich zu nehmen.

Zu beachten ist schliesslich, dass zwei Arten von Beziehungen unterschieden werden müssen:
- Symmetrische Beziehungen: Die Kommunizierenden sind gleichgestellt, keiner gilt mehr als der oder die andere (Freundschaften).
- Asymmetrische Beziehungen: Zwischen den Kommunizierenden besteht ein Gefälle oder Abhängigkeitsverhältnis.

Mit dieser Unterscheidung hat auch die Antwort auf die Frage zu tun, ob man sich im Unterricht duzen soll. Lehrpersonen sind nicht die Freunde ihrer Lernenden, auch wenn sie nicht autoritär bestimmen wollen, wo es langgeht. Sie müssen sich zum Beispiel an Lehrplänen orientieren und dafür sorgen, dass sie eingehalten werden; und sie müssen die Lernenden bewerten und benoten. Lehrpersonen können aber nach den Regeln gelingender Kommunikation ein Vertrauensverhältnis und eine Feedbackkultur aufbauen, die von den Lernenden als angenehm und sinnstiftend empfunden werden und die sie zum Lernen animieren.

Regeln und Rituale – Störungen vorausdenken

Laura fragt sich noch immer, wie sie bei Störungen am besten reagieren kann. Ihr Mentor gibt ihr einen Tipp, den sie so noch nie gehört hat: Man wisse aus der Forschung – und natürlich auch aus der Praxis –, dass es sich lohnt, Energie in die Störungsprävention zu investieren. Damit könne man viele Störungen verhindern.

Als Lehrperson ist es beim Einstieg schwierig, mögliche Störungen zu antizipieren und ihnen entsprechend vorzubeugen. Mit zunehmender Unterrichtserfahrung ändert sich dies. Man schärft sein Auge für unvorhergesehene Interaktionen im Unterricht.

Im Normalfall können Lehrpersonen davon ausgehen, dass die Jugendlichen lernen *wollen*. Durch Störungen wird aber die Zeit der Lernenden missbraucht, denn jede Störung reduziert die aktive Lernzeit, die sie zur Verfügung haben. Umso wichtiger ist es, dass die Lernenden Störungen selbst als solche wahrnehmen und sie als Lernkiller beurteilen.

Allerdings sind Störungen häufig auch Signale vonseiten der Lernenden: «Ich bin auch noch da, der Unterricht überfordert mich, ich langweile mich, ich habe andere Sorgen.» Abweichendes Verhalten stört und hindert den Unterrichtsfluss, daran besteht kein Zweifel, und dennoch kann es nicht ignoriert werden. Wie im Unterkapitel «Beziehungen gestalten – sinnstiftend interagieren» ausgeführt, bringt es Vorteile mit sich, wenn die Lehrperson auf Anliegen und Sorgen der Lernenden eingeht. Störungen können so häufig aufgefangen werden oder treten nur in abgeschwächter Form auf.

Wenn man eine Klasse neu übernimmt, lohnt es sich, mit ihr Regeln festzulegen. Es gilt hier, Verfahrens- und Verhaltensregeln zu trennen. *Verfahrensregeln* sind auf die Organisation des Schulalltags gemünzt: Verschieben von Lektionen, Umgang mit Absenzen und so weiter. *Verhaltensregeln* beziehen sich auf soziale Interaktionen zwischen der Lehrperson und den Lernenden und zwischen den Lernenden untereinander.

Regeln können zum Beispiel für folgende Störungen erarbeitet werden: zu spät zum Unterricht kommen, in der Stunde schwatzen, das Handy benutzen, Mitarbeit verweigern, fluchen, rassistische oder sexistische Sprüche äussern. Die Regeln sollten so formuliert sein, dass Missverständnisse ausgeschlossen sind. Es ist von Vorteil, wenn sie positiv formuliert sind, und es muss immer klar sein, welche Konsequenzen ein Regelbruch – eine Störung – mit sich bringt.

Im Folgenden sind einige typische Unterrichtsstörungen mit möglichen präventiven Regeln aufgeführt:

- Ständiges Zuspätkommen → Regel: Wir sind pünktlich und nutzen so die Lernzeit.
- Schwatzen und Handy im Unterricht → Regel: Wir beteiligen uns am Unterricht und führen keine Gespräche mit Mitschülern und Mitschülerinnen. Das Handy nutzen wir nur zu Unterrichtszwecken.
- Toilettengang während des Unterrichts → Regel: Toilettengang vor Unterrichtsbeginn erledigen.

Bevor Lehrpersonen Regeln erstellen, sollten sie sich auch mit der Schulordnung vertraut machen; einige Punkte können übernommen, andere klassenspezifisch angepasst werden. Es lohnt sich anschliessend, die Regeln mit den Lernenden auf einem Plakat im Schulzimmer festzuhalten und mit ihnen mögliche Konsequenzen zu diskutieren. Diese können je nach Klasse variieren.

Lehrpersonen müssen das Lernen ermöglichen, also eine thematische Struktur verfolgen. Lehrpersonen sind deshalb für einen reibungslosen Unterrichtsablauf verantwortlich. Aber Störungen fordern sie kommunikativ ständig heraus. Wichtig ist, dass die einmal erarbeiteten Regeln und Konsequenzen nicht verhandelbar sind. Können Lernende zum Beispiel nicht am Unterricht teilnehmen, soll die Lehrperson frühzeitig informiert werden, wobei die Lernenden genau wissen sollen, welchen elektronischen Kanal sie dazu nutzen können.

Es lohnt sich, die festgelegten Regeln in regelmässigen Abständen zu diskutieren, zu ergänzen und mit der Klasse zu reflektieren: «Was hat sich bewährt, was weniger?» Die Lernenden werden sich so bewusst, wie sinnvoll und nützlich Regeln sind. Was gemeinsam erarbeitet worden ist, wird auch gemeinsam reflektiert und bei Bedarf ergänzt.

Ein gut strukturierter und vorbereiteter Unterricht ist für den reibungslosen Ablauf und die Nutzung der Lernzeit unumgänglich. Dazu gehören sich wiederholende Rituale. Ein Beispiel ist etwa der Wochenrückblick als Unterrichtseinstieg: Jede Woche präsentiert eine Lernende oder ein Lernender ein spezielles Ereignis der letzten Tage. Während fünfzehn Minuten wird das Ereignis anhand von Medienberichten vorgestellt, zusammengefasst und kommentiert. Dieses Ritual nimmt die Aufmerksamkeit der Klasse in Anspruch, und die Lernenden begegnen der Herausforderung, vor anderen zu sprechen, zu präsentieren und sich mit dem Alltagsgeschehen auseinanderzusetzen.

Mit Ritualen wie diesem signalisiert die Lehrperson den offiziellen Unterrichtsbeginn, und alle werden in die Pflicht genommen, sich vorzubereiten.

Interventionen – Massnahmen bei Störungen

Im Unterricht gibt es Störungen, die mehr oder weniger belastend für das Lehr- und Lernklima sind. Es gilt abzuwägen, ob man der Situation mit einer niederschwelligen Massnahme begegnen kann, um sie nicht unnötig zuzuspitzen. Wenn einer oder eine der Lernenden zum Beispiel mit der Banknachbarin spricht, wäre es kontraproduktiv und übertrieben, gleich den Lehrbetrieb zu informieren. Es reicht, ihn oder sie zu fixieren, mit einer Handbewegung aufs Arbeitsblatt aufmerksam zu machen oder humorvoll zu sagen: «Entschuldigen Sie, wenn ich Sie unterbreche, aber im Moment lesen wir gerade ...» In den meisten Fällen reicht eine Intervention dieser Art. Voraussetzung ist aber, dass die Lehrperson eine gute Beziehung zu den Lernenden hat. Ohne Vertrauensverhältnis funktionieren nur rigide Massnahmen, die sich negativ auf die künftige Zusammenarbeit auswirken. Es gilt also, zuerst über die Mimik oder über eine humorvolle Bemerkung die Aufmerksamkeit zu wecken.

Niederschwellige Reaktionen sind zum Beispiel: die Störenden fest anschauen, über eine Handbewegung auf das Buch oder Arbeitsblatt verweisen, eine Pause einlegen oder der Vorschlag, das Gespräch in der Pause weiterzuführen. Selbstverständlich gibt es auch schwierigere Konflikte, die man zunächst in einer ruhigen Minute analysieren sollte, um eine angemessene Intervention zu finden. Das kann aggressives Verhalten von Lernenden anderen gegenüber sein, eine respektlose Antwort, Arbeitsverweigerung und so weiter.

Aber zurück zu Laura und den Situationen, die ihren Unterricht stören. Wenn sich Lernende vorlaut verhalten oder wenn sie nach der Pause zu spät in den Unterricht zurückkehren, ist das für Laura nicht schlimm. Sie stört sich vor allem daran, dass Lernende während des Unterrichts immer mal wieder zur Toilette gehen und die anderen so beim Lernen stören.

Der Mentor ermutigt sie, weniger Störendes gleich anzugehen wie das, was sie heftiger stört. Schweigen ist ein schlechter Ratgeber, denn die Lage verbessert sich nicht von allein. Die Lernenden müssen wissen, was es bedeutet, dass sie ein förderliches Lernklima in Anspruch nehmen dürfen. Schliesslich ist Laura klar, wie sie mit den unterschiedlichen Störungen umgehen will.

- Sie bespricht in der Klasse, was es heisst, respektvoll, symmetrisch zu kommunizieren: Wenn jemand spricht, dann hört man zu. Denn der Empfänger oder die Empfängerin «macht» die Information.
- Laura spricht mit dem Lernenden, der regelmässig zu spät kommt, um die näheren Umstände seines Verhaltens zu erfahren.
- Laura erklärt den Lernenden, dass sich ein ständiges Hin und Her störend auf den Unterricht auswirkt und die Lernenden deshalb vor Unterrichtsbeginn zur Toilette sollen.

Sie nimmt sich vor, diese Abmachungen zu visualisieren. Es entsteht ein eingängiges Plakat:

Klassenregeln
Wir sind alle Teil des Unterrichts. Die folgenden Regeln sind von uns beschlossen worden, da wir als Team die Berufsfachschule absolvieren möchten.
— Wir hören einander zu und melden uns, wenn wir etwas sagen möchten. So kann man den Erklärungen der Lehrperson besser folgen, und sie muss nicht alles zweimal sagen.
— Die Pausen halten wir ein und kommen pünktlich zurück. Dies gilt auch für den Toilettengang. Wir merken uns: aufs WC vor Schulbeginn.

Alle vier Wochen bespricht Laura mit den Lernenden die Regeln auf dem Plakat. Es entsteht ein Erfahrungsaustausch.

Die Regeln werden, einmal festgelegt, nicht weiterverhandelt und auch nicht abgeändert. Aber mit der Zeit wird das Plakat um weitere Abmachungen ergänzt. So etwa um die Zusatzregel: Es präsentieren nicht immer dieselben Lernenden die Gruppenarbeiten, es wird gewechselt.

5

5. PRÜFUNGEN

Wie viele Aufgaben muss ich stellen?
In der siebten Woche setzt Laura die erste Prüfung an. Das Resultat ist mit einem Klassendurchschnitt von 4,2 ernüchternd. Was Laura jetzt ebenso beschäftigt, sind die Reaktionen der Lernenden: Fast die Hälfte der Klasse kam zu ihr und wollte eine bessere Note herausholen. «Sie, was ist hier falsch?», wurde sie mehrmals gefragt. Oder auch: «Bei den anderen haben Sie hier die volle Punktzahl gegeben. Warum bei mir nicht?». Drei Lernende behaupteten sogar, dass ein Teilthema der Prüfung gar nie im Unterricht behandelt worden sei. Noch bevor sie mit dem neuen Unterrichtsstoff beginnen kann, ist sie völlig erschöpft.

In diesem Kapitel erfährt Laura, wie herausfordernd eine Prüfung ist. Sie wird

→ Prüfungen im Unterricht verorten

→ Prüfungen ankündigen

→ Prüfungen schreiben

→ Prüfungen durchführen

→ Prüfungen korrigieren

→ Prüfungen benoten

→ Prüfungen zurückgeben

→ Prüfungen auswerten

Mit ihrer Unsicherheit wendet sich Laura an ihren Mentor. Sie hat so viele Fragen, dass sie gar nicht weiss, wo sie beginnen soll. Der Mentor beruhigt sie und versichert ihr, dass praktisch alle Lehrerinnen und Lehrer bei ihrer ersten Prüfung das erleben, was sie erlebt hat. Prüfen, so erklärt er, macht die Schule eigentlich erst zur Schule. Auf der einen Seite steht die Lehrperson: Sie bestimmt, was und wie geprüft wird, benotet die Leistungen der Lernenden und drückt damit aus, welchen Wert diese Leistungen haben. Auf der anderen Seite müssen die Lernenden sich dieser Prozedur unterwerfen und das Ergebnis annehmen. Damit sie es auch als gerecht akzeptieren können, brauche es aufseiten der Lehrperson Transparenz und Fairness. Und noch etwas ist wichtig, betont der Mentor: Bei Prüfungen gibt es keine absolute Objektivität, es spielen immer auch subjektive Faktoren eine Rolle. Daher müssen sich Lehrpersonen beim Prüfen darum bemühen, ihre Subjektivität zu kontrollieren, indem sie die Prüfung selbst, die Korrektur und die Benotung der Prüfungen, aber auch den Unterricht – auch verstanden als Vorbereitung auf die Prüfung – kritisch reflektieren.

In weiteren Gesprächen mit dem Mentor, anderen Kolleginnen und Kollegen und nach der Lektüre von Fachliteratur realisiert Laura, wie facettenreich das Prüfen an Schulen ist.

Prüfungen im Unterricht verorten

Unterricht ist mehr als nur Prüfungsvorbereitung, dennoch meldet sich im Hinterkopf der Lernenden regelmässig eine Stimme, die fragt: «Wird das geprüft?» Und diese Frage stellen sich die Lernenden nicht erst unmittelbar vor der Prüfung, denn sie haben bei Prüfungen vor allem ein Ziel: Sie wollen eine gute Note. Da besteht eine gewisse Diskrepanz zu den Lehrpersonen, die mit den Prüfungen in Erfahrung bringen wollen, zu welchen Leistungen die Lernenden in einem Lernbereich fähig sind. Ein Mittel, um den Lernenden schon im Unterricht eine gewisse Sicherheit hinsichtlich der Prüfungen zu geben, ist die Zieltransparenz. Die Lehrperson formuliert also Lernziele, die die Lernenden erreichen sollen, und gibt diese auch an die Lernenden ab. Damit verpflichtet sie sich, den Unterricht auf diese Ziele auszurichten. Die Lernenden ihrerseits wissen dadurch von Anfang an, worauf sie hinarbeiten sollen. Die Ziele sollten möglichst genau formuliert werden und Auskunft darüber geben,
- was die Lernenden wissen und verstehen müssen (z. B. Fakten, Begriffe, Konzepte, Regeln),
- was sie anwenden müssen (z. B. Erstellen einer Tabelle im Word),
- was sie neu schaffen müssen (z. B. Verfassen einer Inhaltsangabe).

Alles, was später geprüft wird, sollte vorgängig im Unterricht intensiv erarbeitet worden sein. Und Erarbeiten heisst nicht einfach mal kurz durchgenommen, sondern:
- Neue Inhalte werden durch die Lernenden intensiv verarbeitet, sodass sie diese gut verstehen, behalten und abrufen können.
- Für Anwendungen und das Schaffen von Neuem werden die Kriterien erarbeitet.
- Die Inhalte werden in abwechslungsreicher Weise wiederholt.

Prüfungen ankündigen

Die Fairness erfordert, dass die Lernenden konkret erfahren, was und wie geprüft wird. Daher muss die Prüfung in der Klasse rechtzeitig vorbereitet werden. Dabei sind folgende Punkte zu beachten:

- Der Termin wird rechtzeitig bekannt gegeben. Wenn möglich sollten Prüfungen eher am Anfang des täglichen Unterrichts stattfinden, denn die Lernenden wollen das, was sie in den letzten Tagen gelernt haben, möglichst schnell «loswerden». Findet die Prüfung erst am späteren Nachmittag statt, so folgen sie dem vorgängigen Unterricht in der Regel nicht sehr fokussiert, vielmehr gehen sie gewisse Bereiche der Prüfung nochmals gedanklich durch und werden dadurch nicht selten verunsichert und zusätzlich gestresst.
- Das Thema, das geprüft werden soll, wird genau umschrieben. Dabei wird auch auf die Ziele zurückgegriffen, die für den Unterricht leitend waren.
- Die Lernenden müssen wissen, auf welche Unterlagen (Lehrmittel, Unterrichtsmaterialien, Übungen usw.) sie ihre Prüfungsvorbereitung stützen sollen. Sind Hilfsmittel bei der Prüfung erlaubt, so werden diese explizit benannt.
- Die Lernenden werden informiert, welche Aufgabenarten sie erwarten. Alle diese Arten sind den Lernenden schon aus dem Unterricht bekannt.
- Die Beurteilungskriterien sind den Lernenden bekannt, denn es sind dieselben, die schon für die Anwendungen und Übungen im Unterricht galten.
- Die Lehrperson strahlt Erfolgszuversicht aus, indem sie den Lernenden zu verstehen gibt, dass alles, was geprüft wird, im Unterricht gut und intensiv erarbeitet worden ist.

Der Mentor beruhigt Laura auch insofern, als er betont, dass die Verantwortung für Leistung und Note letztlich bei den Lernenden liege: Beispielsweise würden einige sich gar nicht oder nur in letzter Minute auf die Prüfung vorbereiten, andere während der Prüfung einfach drauflosschreiben. Gleichzeitig rät der Mentor Laura Weber, den Lernenden Tipps für die Vorbereitung und Strategien für das Schreiben der Prüfung mitzugeben. Dies würde, so sagt er, gerade Lernschwachen

helfen. Der Mentor erarbeitet mir ihr eine Checkliste. Die Lernenden sollten:
- die Prüfungsvorbereitung frühzeitig angehen,
- einen Zeitplan erstellen,
- die Prüfungsvorbereitung zeitlich sequenzieren,
- Prüfungsinhalte überdenken und strukturieren,
- Lernunterlagen und Hilfsmittel benutzen,
- persönliche Unterrichtsunterlagen nochmals überarbeiten,
- Aufgaben aus dem Unterricht nochmals lösen,
- aufkommende Fragen rechtzeitig klären,
- in Lerngruppen zusammenarbeiten,
- sich geistig auf die Prüfung einstellen.

Während der Prüfung sollen die Lernenden:
- die Aufgaben mehrmals durchlesen, sich genau überlegen, was verlangt ist, und die entsprechenden Begriffe markieren,
- auf Hilfestellungen in der Aufgabe achten,
- sich Zeit lassen zum Überlegen und nicht einfach drauflosschreiben,
- auf die Gewichtung der Aufgaben achten,
- mit einer Aufgabe beginnen, bei der sie sich sicher fühlen,
- für Aufgaben, die wenig Punkte bringen, nicht zu viel Zeit aufwenden,
- ruhig bleiben, wenn eine Aufgabe nicht gelöst werden kann,
- sich Zeit geben fürs Nachdenken,
- bei der Lösung der Aufgaben immer noch etwas Platz lassen für Nachträge,
- unmittelbar nach dem Lösen der Aufgabe nochmals zur Aufgabenstellung gehen und überprüfen, ob die Lösung dieser entspricht (Beispiel: Die Lösung soll in Prozenten angegeben werden),
- klar und sauber schreiben, Lösungen gut gegliedert darstellen,
- die Zeit voll ausnutzen, nicht zu früh abgeben.

Prüfungen schreiben

Beim Schreiben einer Prüfung muss sich die Lehrperson als erstes überlegen, welche Aufgabenformen sich für die Überprüfung der verschiedenen Lernziele am besten eignen. Man unterscheidet zwischen folgenden:

Wissensaufgaben – Hier müssen die Lernenden etwas aus dem Gedächtnis abrufen, daher etwas benennen oder aufzählen. Als Aufgabenformen eignen sich dafür am besten Richtig/Falsch-Aufgaben, Multiple-Choice-Aufgaben, Zuordnungsaufgaben oder Kurzantwortaufgaben.

Beispiel 1: Sind die folgenden Aussagen richtig oder falsch?

	richtig	falsch
Das Parlament wählt den Bundesrat.	O	O
Der Bundesrat wählt die Bundesrichter.	O	O

Beispiel 2: Aus welchen Elementen besteht ein Atom?

Verständnisaufgaben – Die Lernenden zeigen, dass sie das, was sie wissen, sinngemäss und in einem grösseren Zusammenhang abbilden können. Als Aufgabenformen eignen sich hierfür besonders Kurzantwortaufgaben mit gezielten Frageformen.

Beispiel 1: Erklären Sie in eigenen Worten den Begriff Testament.

Beispiel 2: Warum gibt es über den Jahresverlauf unterschiedlich lange Tage?

Beispiel 3: Welches waren Ursachen für den Ersten Weltkrieg?
- Wettrüsten   O
- imperialistische Konkurrenz   O
- Rohstoffknappheit   O
- der Zerfall des osmanischen Reichs   O

Anwendungsaufgaben – Hier müssen die Lernenden Wissen, Regeln und erlernte Anwendungsprozeduren auf einen neuen Sachverhalt anwenden. Als Aufgabenformen eignen sich besonders kurze Bearbeitungsaufgaben.

> *Beispiel 1*: Fassen Sie den folgenden Abschnitt in drei Sätzen zusammen.
>
> *Beispiel 2*: In einem rechtwinkligen Dreieck haben die beiden Katheten die Länge 3 cm und 4 cm. Wie lange ist die Hypotenuse?

Analyseaufgaben – Die Lernenden untersuchen einen Sachverhalt, indem sie dessen Struktur darstellen und in seine grundlegenden Bestandteile zerlegen. Dazu eignen sich besonders ausführliche Bearbeitungsaufgaben.

> *Beispiel 1*: Ein Restaurant bietet für drei Tage drei Mittagsmenüs (A, B, C) an. Der Wirt rechnet damit, dass er Menü A ca. 30-mal, Menü B ca. 50-mal und Menü C ca. 40-mal verkaufen kann. Erstellen Sie eine Warenbestellliste für die drei Menüs.
>
> *Beispiel 2*: Die vorliegende Bilanz weist formale Fehler auf. Korrigieren Sie.

Syntheseaufgaben – Hier müssen die Lernenden etwas Neues entwickeln. Als Formen eignen sich ausführliche Bearbeitungsaufgaben.

> *Beispiel*: Ihr Unternehmen hat eine neue Zahnpasta (Beschreibung beiliegend) für Kinder entwickelt. Entwerfen Sie ein Marketingkonzept dafür.

Bewertungsaufgaben – Die Lernenden müssen eine Problemstellung in Strukturen zerlegen, Kriterien für die Beurteilung der einzelnen Strukturelemente entwickeln und beziehend darauf ein Urteil abgeben können. Auch hierfür eignen sich ausführliche Bearbeitungsaufgaben.

> *Beispiel*: In Ihrem Unternehmen ist eine Stelle ausgeschrieben (ausführliches Stellenprofil beiliegend). Beurteilen Sie folgende vier Dossiers von Stellenbewerbenden und schreiben Sie eine umfassende Beurteilung der vier Bewerbenden zuhanden Ihrer HR-Chefin.

Nach der Rückgabe der Prüfung und der Besprechung der Lösungen ist in Lauras Klasse ein Notenbasar entstanden: Nicht wenige Lernende waren überzeugt, Aufgaben doch richtig gelöst zu haben und deshalb die volle Punktzahl oder zumindest Teilpunkte zu verdienen. Der Basar dauerte fast eine halbe Lektion. Hinterher waren die Lernenden unzufrieden und Laura entnervt. Ihr Mentor rät ihr, in Zukunft den Fokus auf die Aufgabenstellung zu legen. Da jede Unklarheit in der Fragestellung Unsicherheit bei den Lernenden auslöst und somit die Bearbeitung der Aufgabe unnötig erschwert, müssen Aufgaben präzise und möglichst einfach formuliert werden. Strukturierungshilfen wie Nummerierungen, Hervorhebungen und grafische Elemente können dabei hilfreich sein. Prüfungsaufgaben haben in der Regel zwei Teile:

Informationsteil – Hier wird das Thema genannt und bei anspruchsvollen Aufgaben der Zusammenhang erläutert.

Beispiel: Persönliches Budget: Gudrun Möhl ist kinderloser Single und arbeitet als Praxisangestellte bei einem Hausarzt im Zentrum von Zürich. Sie ist zu 100 Prozent angestellt. Sie lebt in einer Drei-Zimmer-Wohnung in Baden in der Nähe des Bahnhofs. Gudruns liebstes Hobby ist Reisen.

Aufgabenteil – Am besten beginnt man diesen Teil mit einem Verb, das schon deutlich macht, welche Leistung von den Lernenden erwartet wird. Darauf folgt eine präzise Anweisung, die erläutert, in welcher Form und Qualität die Lösung der Aufgabe erfolgen soll. Hier ein paar Beispiele:

– Notieren Sie die Antwort in vier ganzen Sätzen.
– Schreiben Sie vier Ursachen in Stichworten auf.
– Erklären Sie in eigenen Worten.
– Nennen Sie vier Gründe.
– Führen Sie zwei Argumente auf, die dafürsprechen. Ihre Argumente enthalten jeweils eine Behauptung, eine Begründung und ein Beispiel.

Falls die Aufgabe aus mehreren Teilen besteht, sollte dies auch in der Aufgabenformulierung deutlich gemacht werden, indem man beispielsweise die Teilaufgaben durchnummeriert.

Nachdem eine Aufgabe formuliert worden ist, notiert man für sich die richtigen Antworten und die Lösungsschritte. Damit kann die Fragestellung nochmals überprüft werden (wird mit dieser Aufgabe überhaupt das, was überprüft werden soll, getestet?) und gleichzeitig hat man bereits einen Schlüssel für die Korrektur der Aufgabe. Nicht selten lohnt es sich, auch falsche Lösungen aufzuschreiben, denn auch das hilft oft bei der Korrektur.

Weiter sind folgende Kriterien bei der Aufgabenformulierung zu beachten:
– klares, eher grosszügiges Layout, gute Lesbarkeit;
– Hinweise auf erlaubte Hilfsmittel;
– genügend Platz für die Lösungen;
– Angabe der maximal erreichbaren Punkte für jede Aufgabe.

Aus den verschiedenen Prüfungsaufgaben wird im nächsten Schritt die ganze Prüfung zusammengestellt. Dabei sind folgende Besonderheiten zu beachten:
– Es ist wichtig, dass die Prüfung aus unterschiedlich anspruchsvollen Aufgaben besteht: Sie enthält einige leichte, einige mittelschwierige und einige schwierige Aufgaben. Besteht eine Prüfung nur aus schwierigen Aufgaben, wird das Notenbild der ganzen Klasse so sein, dass es eine recht homogene Gruppe von guten und sehr guten Leistungen gibt, die neben einer Gruppe von schlechten Leistungen steht. Dazwischen gibt es nichts. Enthält eine Prüfung dagegen auch leichte Aufgaben, so bewirkt dies, dass Lernende, die ein wenig wissen und können, von denjenigen unterschieden werden, die gar nichts wissen und können. Mittelschwierige Aufgaben trennen die Mittelmässigen von den Schwachen, und die schwierigen Aufgaben erlauben eine Trennung zwischen den guten und den sehr guten Lernenden.
– Besondere Beachtung muss der ersten Aufgabe gewidmet werden: Ist sie zu leicht, kann das die Lernenden zu Oberflächlichkeit verleiten. Ist sie zu schwierig, ist es möglich, dass Lernschwächere schon zu Beginn der Prüfung resignieren. Zu empfehlen ist daher eine Einstiegsaufgabe, die zwar anspruchsvoll ist, aber gleichzeitig von den meisten Lernenden gelöst werden kann.
– Die schwierigsten Aufgaben befinden sich im zweiten Teil der Prüfung, denn gerade schwächere Lernende «verbeissen» sich zuweilen in schwierige Aufgaben und haben, wenn diese am Anfang

der Prüfung stehen, dann keine Zeit mehr für die eher leichteren Aufgaben.

- Wenn vorhanden, dann sollten in der Prüfung Aufgabengruppen (z. B. thematischer Art) gebildet werden. So können sich die Lernenden besser in einen Themenkomplex eindenken.

Prüfungen durchführen

Bei der Durchführung der Prüfung müssen Lehrpersonen konsequent sein. Die mit den Lernenden getroffenen Vereinbarungen werden eingehalten. Mögliche Vereinbarungen können folgende Fragen klären:

- Sollen Rückfragen der Lernenden während der Prüfung beantwortet oder zurückgewiesen werden?
- Sollen die Lernenden bei zugelassenen Rückfragen und bei der Prüfungsabgabe am Platz aufgesucht oder nach vorne gebeten werden?
- Dürfen die Lernenden während der Prüfung die Toiletten aufsuchen? Darf jeweils nur ein Lernender, eine Lernende das Zimmer für einen Toilettengang verlassen?
- Sollen individuelle Lernhilfen gegeben und Zeitangaben gemacht werden?
- Haben langsamer Lernende mehr Zeit zur Verfügung?

Ein leidiges Thema ist das Schummeln. Schreiben Lernende ab, verwenden sie unerlaubte Hilfsmittel, sprechen sie miteinander, so muss die Lehrperson sofort intervenieren. Dies sollte allerdings so ruhig wie möglich erfolgen, sodass die anderen Lernenden nicht zu stark gestört werden. Die Sanktionen für inkorrektes Verhalten während der Prüfungen, die idealerweise für die ganze Schule gelten, werden konsequent ausgesprochen.

Prüfungen korrigieren

Wurden die Aufgaben nach den oben aufgeführten Kriterien erstellt, so sollte das Korrigieren nicht allzu schwerfallen. Dennoch müssen einige Punkte dabei besonders beachtet werden:

– Um Urteilsverzerrungen (siehe auch weiter unten) zu vermeiden, sollten Namen auf den Prüfungsbogen möglichst ignoriert werden. Dies ist beispielsweise dann gut möglich, wenn die Lernenden ihren Namen auf der Rückseite des letzten Blatts aufführen. So wird eine Prüfung ohne Vorwissen bezüglich der Fähigkeiten eines Lernenden oder einer Lernenden korrigiert.

– Die Korrektur erfolgt folgendermassen: Zuerst werden die Lösungen aller Lernenden zu Aufgabe 1 beurteilt; dann die Lösungen aller Lernenden zu Aufgabe 2 und so weiter. Dieses Vorgehen garantiert ein gerechteres Beurteilen, besonders bei offenen Antwortformaten.

– Die Stimmung der korrigierenden Lehrperson spielt durchaus eine Rolle. Hat ihre Lieblingsmannschaft am Vortag gewonnen, ist das Wetter gut, hat sie soeben gegessen, so wird ihre Beurteilung milder ausfallen, als wenn ihre Mannschaft verloren, sie Hunger hat oder das Wetter schlecht ist. Da Stimmungsschwankungen nicht absolut vermeidbar sind, sollten Lehrpersonen darauf achten, dass sie alle Prüfungen beziehungsweise zumindest die einzelnen Prüfungsaufgaben von allen Lernenden in derselben Stimmung beurteilen.

– Ein häufig auftretendes Problem beim Korrigieren ist das Nichteinhalten der formalen Antwortstruktur. Ein Beispiel: Statt zwei Gründe aufzuführen, nennt ein Lernender drei, wovon einer falsch ist. Erhält er nun zwei Punkte, weil er zwei richtige Gründe aufgeführt hat, oder wird ihm ein Punkt für den falschen Grund abgezogen? Die zweite Variante ist sicher vorzuziehen, doch diese Korrekturpraxis muss die Lehrperson den Lernenden vor der Prüfung deutlich machen. Wenn die Lernenden vorher schon wissen, welche Konsequenzen eine «Auswahlsendung» als Lösung hat, so ist Transparenz gegeben, und sie werden beispielsweise einen Punktabzug als fair empfinden. Diesem Problem kann auch begegnet werden, indem auf dem Lösungsblatt nur zwei Zeilen vorgegeben werden oder bereits zwei Linien – a) und b) – vorgegeben sind.

– Eine häufige Praxis an Schulen ist die Vergabe von Minuspunkten, zum Beispiel bei Richtig/Falsch-Aufgaben. Begründet wird dies mit dem Erwartungswert, der höher als null beträgt (ein Affe, der Hunderte solcher Fragen beantwortet, hat eine Erfolgsquote von 50 Prozent, obwohl er nichts weiss oder kann). Allerdings verzerrt diese Praxis das gesamte Prüfungsergebnis, sodass dringend von ihr abgeraten wird.

Auch das Wissen um bekannte Beurteilungsfehler ermöglicht Lehrpersonen eine genauere Beurteilungspraxis. Dies sind:

Der Halo-Effekt – Ein beurteilungsfremdes Element beeinflusst das Urteil. So wirkt sich möglicherweise eine schwierig zu lesende Handschrift oder eine von vielen orthografischen Fehlern geprägte Antwort negativ auf die Beurteilung aus.

Der Strenge-Milde-Effekt – Gewisse Lehrpersonen urteilen sehr streng, und sehr gute Noten sind bei ihnen nicht zu erreichen. Das wirkt sich auf die Motivation der Lernenden negativ aus: Die Schwächeren kommen nie auf einen grünen Zweig, und die Starken verlieren oft die Freude und das Interesse an der Sache. Aber auch sehr milde Beurteilungen von Lehrpersonen haben negative Effekte bei ihren Lernenden zur Folge. Schwächere Lernende überschätzen ihr Leistungsvermögen, werden bequem und merken oft erst viel später, dass sie kaum etwas gelernt haben. Gute Lernende werden nicht herausgefordert und langweilen sich daher oft.

Tendenz zur Mitte – Es gibt Lehrpersonen, die häufig mittlere Noten erteilen: Bei sehr guten Leistungen finden sie immer Gründe für Punkteabzüge, und bei schlechten Leistungen gibt es bei allen Aufgaben doch noch ein paar Punkte, weil die Lernenden immerhin etwas geschrieben, sich angestrengt haben und so weiter.

Wissen-um-die-Folgen-Fehler – Wenn eine Lehrperson weiss, dass eine schlechte Beurteilung der Leistung eines oder einer Lernenden einschneidende Folgen für seine oder ihre Zukunft haben könnte, kann das eventuell einen Mildeeffekt bewirken.

Ermüdungsfehler beim Korrigieren – Zu Beginn und zum Schluss korrigierte Prüfungen werden strenger beurteilt als jene in der Mitte.

Self-fulfilling Prophecy – Vorinformationen über einen oder eine Lernende (z. B. der Vater ist ein Lehrerkollege) können die Erwartungen der prüfenden Lehrperson beeinflussen.

Prüfungen benoten

Nachdem die Prüfung korrigiert worden ist, liegt für jeden Lernenden, jede Lernende ein Resultat in Form einer Punktzahl vor. Diese Punktzahl an sich sagt noch nichts aus über den Wert der Leistungen. Dies schafft erst der Bezug der Punktzahl zu einem Wertesystem. In der Schule wird der Wert in der Regel über Noten ausgedrückt, wobei in der Schweiz 6 = sehr gut, 5 = gut, 4 = genügend, 3 = ungenügend, 2 = schwach gilt.

Wie Lehrpersonen Noten festlegen, hängt stark von ihrer Normorientierung ab. Hauptsächlich werden drei Bezugsnormen unterschieden.

Die *individuelle Bezugsnorm* bewertet den individuellen Lernfortschritt. Ein Fortschritt von sehr schlecht zu mittelmässig wird dabei besser bewertet (erhält die bessere Note) als ein Fortschritt von mittelmässig zu gut oder ein Stagnieren auf hohem Niveau. Eine solche Note ist zwar besonders für Lernschwache sehr motivierend, doch sagt sie nichts aus über das tatsächliche Leistungsvermögen. Auch würden Lernende solche nach der Individualnorm erteilte Noten nicht akzeptieren, da sie diese als ungerecht empfänden.

Die *soziale Bezugsnorm* ist an Schulen recht weit verbreitet. Nachdem die Prüfungsergebnisse einer Klasse in der Form von Punktzahlen vorliegen, schaut sich die Lehrperson die gesamte Punktverteilung an und setzt dann den Notenmassstab so fest, dass sich eine Notenverteilung von ungenügend bis sehr gut ergibt. Dabei ist es möglich, dass die beste Lernende mit erreichten 70 von 100 Punkten die Note 6 erhält, und in einer anderen Prüfung erhält der Schlechteste mit einer Punktzahl 60 von 100 die Note 3.

Offensichtlich hat diese Norm zwei grosse Mängel. Erstens sagt sie ebenso wie die Individualnorm nichts aus über das effektive Leistungsvermögen. Aussagen lassen sich nur über die Verteilung in der Klasse machen, zum Beispiel: Lernender A liegt unter dem Durschnitt der ganzen Klasse, Lernende B liegt genau im Schnitt der Klasse, Lernender C ist besser als der Durchschnitt seiner Klasse. Zweitens vermitteln die Noten den schwächeren Lernenden den Eindruck, dass sie nichts lernen, da sie ständig ungenügende Noten haben, obwohl sie unter Umständen durchaus Fortschritte erzielen.

Bei der *kriteriumsorientierten Bezugsnorm* wird bereits vor der Prüfung festgelegt, für welche Leistung es welche Note gibt, das heisst, welche Punktzahl welche Note gibt. Dabei haben die Lehrpersonen auf eine Trennlinie besonders zu achten. Sie müssen inhaltlich, das heisst in Bezug auf das Wissen und Können, festlegen, welche Leistung (Punktzahl) als genügend zu erachten ist (die Note 4 erhält). Dabei muss man sich an folgenden inhaltlichen Fragen orientieren:
– Welches Wissen, welche Fähigkeiten bilden den Kern des Lernziels?
– Welche Leistung entspricht einem minimal ausreichenden Wissen oder Können?
– Welches Wissen oder Können muss vorausgesetzt werden, damit darauf aufbauend weitergelernt werden kann?

Von diesem Ausgangspunkt aus können dann die nötigen Punkte für die weiteren Leistungsausprägungen (schwach, ungenügend, gut, sehr gut) bestimmt werden. In diesem Fall wird der Notenmassstab auch den Lernenden (auf dem Prüfungsblatt) transparent gemacht. So gibt die Note tatsächlich Auskunft über das Leistungsvermögen der Lernenden in Bezug auf einen spezifischen Lernbereich. Die Lernenden wissen, wo sie stehen, und die abnehmenden Ausbildungsinstitutionen erkennen, auf welche Voraussetzungen sie bauen können.

An vielen Schulen hat sich die Praxis der linearen Notenverteilung eingebürgert, das heisst, die Punktzahl wird linear auf die Note umgerechnet mit folgender Formel:

– $(E \times 5 / M) + 1 = $ Note
– E = erreichte Punktzahl
– M = Maximale Punktzahl

Notenberechnungen nach dieser Formel sind bei den Lernenden unbestritten, und viele kennen diese auch. Hält sich eine Lehrperson an diese Formel, was sich besonders für unerfahrene Lehrpersonen empfiehlt, so muss sie die Berechnung umkehren: 60 Prozent der maximalen Punktzahl wird dem Wert genügend zugeschrieben. Wenn eine Lernende demnach 60 Prozent der Punkte erreicht, dann

- hat sie das Kernwissen und die Kernfähigkeiten erreicht,
- sind ihr Wissen und Können minimal ausreichend,
- kann man davon ausgehen, dass sie mit diesem Wissen und Können weiter aufbauend lernen kann.

Prüfungen zurückgeben

Eine Woche nach der Prüfung wird Laura von Lernenden gefragt, wann sie die Prüfung zurückerhalten. Sie vertröstet sie auf die nächste Woche, doch findet sie keine Zeit, die Prüfung zu korrigieren. Sie sieht den Lernenden an, dass sie das nicht verstehen können, von einigen hört sie auch Fluchworte in der Pause. Schliesslich gibt sie die bewertete Prüfung drei Wochen nach dem Termin zurück und verkündet vor der Klasse, dass die Besten zuerst drankämen – so, wie es früher auch ihre Lehrpersonen gemacht haben. Später erläutert ihr der Mentor, dass der Umgang mit Prüfungen ein besonders heikler Punkt sei und bestimmte Regeln eingehalten werden müssen:
- Die Lehrperson gibt die Prüfung so rasch wie möglich zurück, denn je näher die Rückmeldung (korrigierte Prüfung) auf die Leistung (Prüfung) erfolgt, desto mehr können die Lernenden daraus Nutzen ziehen beziehungsweise noch lernen.
- Vor der Rückgabe in der Klasse erklärt die Lehrperson nochmals genau die Punktevergabe und die Notenberechnung, dann gibt sie den Lernenden ihre Prüfungsarbeiten zurück. Dabei ist die Beschämung von schwächeren Lernenden unbedingt zu vermeiden (Noten laut bekannt geben, Prüfungen in absteigender Qualität verteilen usw.).
- Als Nächstes schauen die Lernenden ihre Prüfungsarbeiten an. Werden beim Zusammenzählen von Punkten Fehler festgestellt, so kann dies sofort korrigiert werden. Es ist auch möglich, die ganze Prüfung mit der Klasse zu besprechen und Musterlösungen vorzulegen. Kommen von den Lernenden Reklamationen bezüglich der Beurteilung einzelner Aufgaben, so nimmt die Lehrperson diese ruhig und gelassen entgegen, schaut ihre Korrektur nochmals genau an und begründet mündlich, warum die Beurteilung so ausgefallen ist. Und wenn ein Beurteilungsfehler vorliegt, dann wird dieser natürlich korrigiert. Nicht selten versuchen Lernende bei einer neuen Lehrperson aus Prinzip noch einige Punkte herauszuschinden. Auch das gehört zum Prüfen und Lehrpersonen müssen damit

gelassen umgehen. Wenn sie präzise Aufgaben gestellt haben, ihre Musterlösungen klar und eindeutig sind und wenn sie sorgfältig korrigiert haben, dann müssen sie den Lernenden kaum zusätzlich Punkte geben, und schon bei der nächsten Prüfungsrückgabe wird die Schlange der «Punkteschinder» und «Punkteschinderinnen» deutlich kleiner sein.

Prüfungen auswerten

Auch für sich macht die Lehrperson eine Prüfungsauswertung:
- Sie fragt sich kritisch, ob die Prüfungsleistung insgesamt ihren Erwartungen entspricht.
- Ist die Prüfung schlecht ausgefallen, so überlegt sie sich, ob es am Unterricht liegen kann, ob viele Lernende ungenügende Lerntechniken anwenden und ob bei dem bestehenden Lernstand überhaupt aufbauend weiter gelernt werden kann oder ob gewisse Inhalte nochmals durchgearbeitet werden müssen, damit möglichst alle Lernenden über das dafür notwendige Wissen und Können verfügen.
- Weiter wertet die Lehrperson die einzelnen Aufgaben aus, indem sie berechnet, wie schwierig diese für die Lernenden waren (Mittelwert der erreichten Punktzahl aller Lernenden). Das gibt einerseits Auskunft darüber, ob einzelne Aspekte des Stoffs nochmals aufgenommen werden müssen, und zeigt andererseits auf, ob die Lehrperson den Schwierigkeitsgrad der Aufgabe richtig eingeschätzt hat. Denn bei der Einschätzung der Aufgabenschwierigkeiten täuschen sich auch erfahrene Lehrpersonen häufig.

Zusammenfassend kann festgehalten werden: Wenn sich Laura in Zukunft an folgenden Regeln des Prüfens orientiert, dann wird sie auch nach dem Korrigieren und nach der Rückgabe von Prüfungen ein gutes Gefühl haben:
- Es wird Zieltransparenz geschaffen, und im Unterricht wird intensiv an der Zielerreichung gearbeitet.
- Die Lernenden wissen bereits durch den Unterricht, was in den Prüfungen auf sie zukommt: Sie haben sich das Wissen und Können systematisch angeeignet und es gefestigt. Und die Prüfungsaufgaben messen genau das.

- Die Aufgaben sind eindeutig und verständlich formuliert.
- Es gibt mindestens drei Niveaus von Aufgaben: leichte, mittelschwere und schwierige.
- Zu jeder Aufgabe wird ein klarer Lösungsschlüssel erstellt. Mögliche falsche Lösungen werden bereits antizipiert.
- Die Aufgaben werden so gestellt, dass andere Beurteilende gleich oder ähnlich korrigieren würden.
- Die Prüfungen werden möglichst ohne Zeitdruck und anderen Stress in ausgeglichener Stimmung korrigiert.
- Zuerst wird Aufgabe 1 aller Lernenden korrigiert, dann Aufgabe 2 aller Lernenden und so weiter.
- Der Notenmassstab wird im Voraus festgelegt. Dabei wird von der Leistung ausgegangen, die noch als genügend (Note 4) bewertet wird.
- Korrekturen und Notengebungen werden erläutert, sodass die Lernenden diese nachvollziehen können.
- Die Prüfung wird in der Kasse besprochen.
- Die Prüfung wird – auch im Hinblick auf den zurückliegenden und den folgenden Unterricht – einer kritischen Reflexion unterzogen.

6

6. SCHLUSSWORT

In diesem Buch haben wir vier Themen angesprochen, die in den ersten Schulwochen für Einsteigerinnen und Einsteiger zentral sind. Laura Weber, unsere Protagonistin, wird in dieser Phase von ihrem Mentor begleitet. Sie hat dabei die Möglichkeit, für sich wichtige Fragen zur Unterrichtsvorbereitung, -durchführung und -auswertung sowie zur Klassenführung zu klären. Vieles gelingt noch nicht so, wie es sich Laura zu Beginn ausgemalt hat. Durch Gespräche mit dem Mentor, mit Kolleginnen und Kollegen und durch regelmässiges Feedback der Lernenden kann Laura ihren Unterricht kontinuierlich verbessern, Schritt für Schritt, mit viel Gelassenheit und Neugierde.

Eine gute Beziehung zu den Lernenden ist ein entscheidender Garant für den Lehr- und Lernerfolg. Wichtig ist jedoch auch eine klare Struktur, die bereits in der Unterrichtsvorbereitung als roter Faden gelegt wird. Die Struktur kann dann, wie wir es bei Laura miterlebt haben, im Unterricht nicht immer passgenau eingehalten werden. Dies ist nicht weiter schlimm, im Gegenteil: Einsteigerinnen oder Einsteiger müssen sich inhaltlich in ein Thema einarbeiten und zuerst einmal lernen, wie ihre Lernenden den Schulstoff aufnehmen, verarbeiten und auswerten können. Dabei ist es hilfreich, den Unterricht konsequent nach einem Phasenmodell aufzubauen und dafür zu sorgen, dass die einzelnen Phasen im Unterricht von den Lernenden tatsächlich durchlaufen werden können.

Das vorliegende Buch hat exemplarisch aufgezeigt, wie man die ersten Wochen mit einer neuen Klasse angehen kann und welche Aufgaben auf eine Lehrperson zukommen. Diese ersten Wochen sind äusserst anstrengend und herausfordernd. Deshalb ist es wichtig, sich immer wieder Ruhephasen zu gönnen und sportliche und weitere Freizeitaktivitäten gezielt weiter zu pflegen. Vielleicht gelingt es bereits zu Beginn, immer wieder die Arbeitsorganisation zu reflektieren und dabei die Selbstdisziplin bei der Planung und Umsetzung der Aufgaben zu stärken. Durch Gespräche mit dem Mentor oder der Mentorin und dem Schulleiter oder der Schulleiterin haben Einsteigerinnen und Einsteiger die Möglichkeit, ihre persönlichen Erwartungen, Haltungen und Ansprüche gegenüber dem Beruf als Lehrperson zu klären.

Natürlich hat sich auch Laura die Frage gestellt, wie es ihr in den nächsten Jahren gelingen kann, weiterhin mit viel Engagement und Zuversicht zu unterrichten. In den Gesprächen mit dem Mentor hat sie immer wieder erlebt, wie ein Kollege, der bereits seit mehr als zwanzig Jahren unterrichtet, mit viel Freude und Begeisterung seinen Beruf ausübt. Ja, es sind vor allem zwei Faktoren, die hier ausschlaggebend sind. Erstens die Begeisterung für das Fach und die Inhalte, die unterrichtet werden. Und zweitens die Begeisterung für das Unterrichten selbst, für die Gestaltung der Lehr- und Lernprozesse, die auch erfahrene Lehrpersonen immer wieder von Neuem herausfordern.

Wir wünschen Laura Weber und allen anderen Einsteigerinnen und Einsteigern viel Freude und Erfolg beim Unterrichten und beim Eintauchen in den äusserst interessanten Beruf als Lehrer oder Lehrerin.

LITERATUR

Greutmann, Peter/Saalbach, Henrik/Stern, Elsbeth (Hrsg.) (2021). Professionelles Handlungswissen für Lehrerinnen und Lehrer. Lernen – Lehren – Können. Stuttgart: Kohlhammer.

Hattie, John/Zierer, Klaus (2019). Kenne deinen Einfluss. «Visible Learning» für die Unterrichtspraxis. Bern: Hohengehren (4. Auflage).

Niemiec, Ryan M. (2019). Charakterstärken – Trainings und Interventionen für die Praxis. Bern: Hogrefe.

Städeli, Christoph/Maurer, Markus/Caduff, Claudio/Pfiffner, Manfred (2021). Das AVIVA-Modell. Kompetenzorientiert unterrichten und prüfen. Bern: hep Verlag.

Städeli, Christoph/Pfiffner, Manfred/Sterel, Saskia/Caduff, Claudio (2019). Klassen führen. Mit Freude, Struktur und Gelassenheit. Bern: hep Verlag.

Städeli, Christoph/Caduff, Claudio (2019). Unterrichten. Ein Leitfaden für die Praxis. Bern: hep Verlag.

Städeli, Christoph/Pfiffner, Manfred (2018). Prüfen. Was es zu beachten gilt. Bern: hep Verlag.

AUTORIN UND AUTOREN

Prof. Dr. phil. Christoph Städeli ist Leiter der Abteilung Sekundarstufe II/Berufsbildung an der PH Zürich und dort Dozent für Didaktik. Der Erziehungswissenschaftler hat mehrjährige Unterrichtserfahrung. Er ist ausgebildeter Primar- und Berufsschullehrer.

Dario Venutti ist Dozent an der PH Zürich, Abteilung Sekundarstufe II/Berufsbildung, und Berufsschullehrer für Allgemeinbildung am Zentrum für die Ausbildung im Gesundheitswesen (ZAG) in Winterthur.

Daniela Rossetti, Dr. phil., ist Fachdidaktikerin für den ABU und Studienleiterin für die Berufsmaturität an der PH Zürich. Sie arbeitete jahrzehntelang als Berufsfachschullehrerin und war Mitglied der Eidgenössischen Berufsmaturitätskommission und der Aargauischen Maturitätsprüfungskommission.

Claudio Caduff ist Inhaber einer Professur «Fachdidaktik der beruflichen Bildung» an der PH Zürich und wirkt dort als Dozent für Fachdidaktik in der Ausbildung von Berufsfachschullehrpersonen allgemeinbildender Richtung und in der Berufsmaturität.

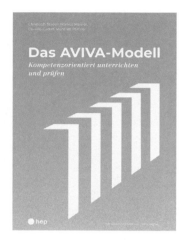

Christoph Städeli, Markus Maurer,
Claudio Caduff, Manfred Pfiffner

Das AVIVA-Modell

Kompetenzorientiert
unterrichten und prüfen

Mit einem Vorwort von
John Hattie

AVIVA, das heisst ankommen und einstimmen, Vorwissen aktivieren,
informieren, verarbeiten, auswerten. In dieser Ausgabe werden die wesentlichen Inhalte des viel beachteten Unterrichtsmodells kompakt dar-
gestellt und um vier aktuelle Themen pädagogisch-didaktischen Han-
delns ergänzt: Klassenführung, problembasiertes Lernen, Blended
Learning und Prüfen. Ein abschliessendes Kapitel widmet sich dem Zusammenhang von AVIVA und Positiver Bildung.

Christoph Städeli, Claudio Caduff

Unterrichten

Ein Leitfaden für die Praxis

Reihe Kerngeschäft
Unterricht, Band 1

Konzentration auf das Wesentliche – so lautet die Devise der Autoren in diesem Buch. Sie fokussieren auf den eigentlichen Sinn und Zweck des Lehrens und Lernens. In einfacher Form beschreiben die beiden erfahrenen Autoren Kernelemente der Unterrichtsvorbereitung und -durchführung. Sie erläutern theoretische Ansätze, unterbreiten konkrete Vorschläge, präsentieren praktikable Methoden und stellen hilfreiche Instrumente zur Verfügung. Das Buch richtet sich an Lehrkräfte und Weiterbildungsverantwortliche, die ihre Vorstellung von gutem Unterricht weiterentwickeln möchten.

Christoph Städeli, Manfred Pfiffner,
Saskia Sterel, Claudio Caduff

Klassen führen

Mit Freude, Struktur und Gelassenheit

Reihe Kerngeschäft
Unterricht, Band 2

«Klassen führen» beschäftigt sich mit den wichtigsten Fragen aus dem Alltag jeder Lehrkraft: Wie werden Anfangssituationen im Unterricht gestaltet? Welche Kommunikations- und Verhaltensregeln bewähren sich? Wie werden sie eingeführt und durchgesetzt? Wie löst man Störungen im Unterricht?

Die Autoren orientieren sich an drei zentralen Prinzipien: Gelassenheit ist die Fähigkeit, auch in schwierigen Situationen die Fassung zu bewahren. Struktur meint den Aufbau des Unterrichts, von der einzelnen Lektion bis hin zur Jahresplanung. Freude schliesslich ist eine emotionale Reaktion auf positive Erinnerungen und angenehme Begegnungen mit Lernenden, aber auch mit Kolleginnen und Kollegen. Solche Emotionen übertragen sich auf die Lernenden und motivieren sie.

Christoph Städeli, Manfred Pfiffner

Prüfen

Was es zu beachten gilt

Reihe Kerngeschäft
Unterricht, Band 3

Gut und fair zu prüfen gehört zu den wichtigsten Kompetenzen einer Lehrkraft, eines Dozenten oder einer Ausbildnerin. Wer unterrichtet, muss mit den unterschiedlichsten Prüfungsformen vertraut sein und diese bedarfsgerecht einsetzen können. Mit dem neuen Werk aus der Reihe «Kerngeschäft Unterricht» unterstützen die zwei erfahrenen Autoren Unterrichtende aller Bildungsstufen in diesem wichtigen Bereich ihrer Arbeit. Alle wesentlichen Elemente von Prüfungen werden praxisnah und anschaulich beschrieben und mit Beispielen illustriert. Hilfreiche Tipps aus Praxis, Theorie und Forschung runden jedes Kapitel ab.